GÖTTER, TEMPEL, PHARAONEN

Ägyptische Mythen und Sagen

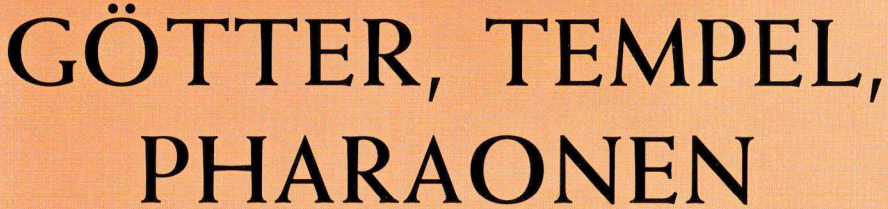

Für Martin und Sinead
RS

Für Jill Lambert in Liebe
SL

In neuer Rechtschreibung

ISBN 3-8251-7351-8

Erschienen 2001 im Verlag Urachhaus
© 2001 Verlag Freies Geistesleben & Urachhaus GmbH, Stuttgart
Text © 2000 Robert Swindells
Illustrationen © 2000 Stephen Lambert
Die englische Originalausgabe erschien 2000 unter dem Titel
The Orchard Book of Egyptian Gods and Pharaohs bei Orchard Books, London.
Printed in Singapore

GÖTTER, TEMPEL, PHARAONEN

Ägyptische Mythen und Sagen

Nacherzählt von Robert Swindells
Illustriert von Stephen Lambert

Aus dem Englischen von Alexandra Ernst

URACHHAUS

INHALT

INHALT

EINLEITUNG

Vor langer, langer Zeit, noch bevor es Pharaonen, Mumien und Pyramiden gab, lebte in Ägypten ein Volk von Jägern und Sammlern. Sie bildeten kleine Sippen, die sich ständig bekämpften, und besiedelten einen breiten Streifen fruchtbaren Landes an den Ufern des großen Flusses Nil. Dieser fruchtbare Landstrich wurde von beiden Seiten von der Wüste eingeschlossen, ein scheinbar endloser, von glühenden Sonnenstrahlen verbrannter Ozean sich immer wieder verändernder Sanddünen, wo es weder Pflanzen noch Tiere gab.

Zwei Dinge erhielten die Menschen in Ägypten am Leben: der Fluss, der einmal im Jahr über seine Ufer trat und dabei eine fruchtbare Schlammschicht anschwemmte und über die Felder verteilte, und die Sonne, die auf die wilden Früchte und das wild wachsende Getreide herabschien und die Pflanzen in dem Schwemmsand wachsen und gedeihen ließ. Am Flussufer standen üppige Papyrusstauden, in denen sich Vögel und andere Tiere tummelten, die die Früchte und die Körner fraßen und die wiederum von den Jägern getötet und verspeist wurden.

Mit der Zeit lernten die Ägypter wie man die Erde umpflügt und Samen aussät, deren Früchte man später ernten konnte. Sie begannen wilde Tiere zu zähmen, und so wurden aus den Sammlern und Jägern allmählich Bauern. Das Leben wurde etwas leichter. Die Menschen mussten nun nicht mehr so viel herumziehen, um Nahrung zu finden. Statt provisorischer Unterschlupfe bauten sie feste Häuser. Aus ihren Siedlungen wurden Dörfer, dann kleine Städte und schließlich große Metropolen. Aber immer noch waren sie abhängig von dem Fluss und der Sonne, um die Früchte und das Korn auf ihren Äckern wachsen zu lassen. Ohne diese immer wiederkehrenden Wunder der Natur wäre ihr Leben undenkbar gewesen.

10

Weil dies so war, fragten sich die Ägypter eines Tages, wo all die Wunder um sie herum ihren Ursprung hatten. Wie war die Sonne an den Himmel gekommen? Was treibt sie voran und wohin verschwindet sie in der Nacht? Wer erschuf den Nil und woher kommen die jährlichen Fluten? Woher die Bäume, das Gras und all die Blumen? Woher kommen die Menschen?

Die Menschen erzählten sich Geschichten, die um die Rätsel der Dinge, die sie nicht verstehen konnten, kreisten. Diese Geschichten handelten von Göttern und Göttinnen und von Zauberei. Die Ägypter schrieben sie in Form von Hieroglyphen auf, ihren wunderschönen Schriftzeichen. Manchmal meißelten sie sie in die Wände der Tempel, die sie zu Ehren ihrer Götter und Göttinnen errichteten, manchmal in die Wände der Gräber ihrer Könige. Diese Tempel und Gräber waren die mächtigsten Gebäude, die jemals von menschlichen Händen errichtet wurden, und die Zivilisation, die sie erdacht hatte, war die einflussreichste der ganzen Welt. Sie blühte mehr als dreitausend Jahre lang. Selbst als sie unterging, blieben ihre Pyramiden und ihre gigantischen Statuen bestehen. Zweitausend Jahre lang standen sie im Sand und jeder, der sie sah, be-

wunderte sie. Die Bedeutung der Schriftzeichen ging verloren. Zweitausend Jahre mussten vergehen, bevor jemand jenen Brocken Basalt ausgrub, der heute als der Stein von Rosette bekannt ist und der das Geheimnis der Hieroglyphen lüftete. Geschichten, die seit Tausenden von Jahren niemand mehr gelesen hatte, wurden der Welt – und den Menschen – wieder geschenkt. Einige davon sind hier in diesem Buch aufgeschrieben.

DAS LICHT UND DAS LEBEN ALLER DINGE

Wie alles begann

Vor langer Zeit, vor vielen Tausend Jahren, gab es keine Erde, keinen Himmel und kein Licht. Es gab keine Flüsse und keine Berge, keine Bäume, kein Gras und keine Tiere, und natürlich gab es auch keine Menschen. Es gab nichts außer einer schweren, wogenden, schwarzen Wassermasse, die sich bis in die Unendlichkeit erstreckte und in der kein Leben war. Das einzige, was in diesem lichtlosen Chaos existierte, war ein Geist: der namenlose Geist einer formlosen Wassermasse. Eines Tages beschloss dieser Geist sich selbst einen Namen zu geben. Khepera, dröhnte eine Stimme wie Donnergrollen. Aus dieser Stimme wurde mit einem Mal die Gestalt eines mächtigen Gottes.

Das Wort Khepera bedeutet: »Er, der das Licht und das Leben aller Dinge wird«, und genau das war Kheperas Ziel. Zuerst erschuf er ein großes, glänzendes Ei, das auf der Oberfläche des schwarzen Wassers auf und ab tanzte. Aus diesem Ei schlüpfte Ra, ein Gott, der sogar noch mächtiger war als sein Vater Khepera. Ra befahl der Erde und dem Himmel sich aus dem Wasser zu erheben. Die Erde nannte er Geb, den Himmel Nut. Um sie voneinander zu trennen, erschuf Ra Schu, den Gott der Lüfte, der Nut unterstützen sollte. Nut legte ihre Zehen an

den östlichen Horizont und ihre Fingerspitzen an den westlichen, sodass ihr riesiger Körper sich wie ein Bogen über die Erde spannte. Nuts Körper und Gliedmaßen waren mit glitzernden Juwelen bedeckt, die zu den Sternen wurden.

Jeden Morgen stieg Ra in seine Barke, segelte über den Himmel und blickte mit einem Auge, das so groß und hell war, dass es alles sehen konnte, auf die Erde nieder. Ras Auge war die Sonne, die Quelle allen Lichts, und darauf war er stolz. Er war verblüfft, als er eines Tages von seiner Reise über den Himmel zurückkehrte und sah, dass Khepera ein zweites Auge erschaffen hatte. Das neue Auge brannte bei weitem nicht so hell wie sein eigenes, aber trotzdem war der Sonnengott erzürnt.

»Du hast mein Auge«, schrie er seinen Vater an. »Wozu brauchst du ein zweites?«

Khepera gefiel es gar nicht von seinem eigenen Sohn angeschrien zu werden, und um Ra eine Lektion zu erteilen, verkündete er, dass dieses neue Auge Thot genannt werden und den Himmel erleuchten sollte, wann immer Ra nicht da sein konnte. Darüber hinaus verlieh er ihm den Titel »Zeitenbestimmer«. Ra wurde sehr zornig, aber es half alles nichts. Es war Kheperas Wille, dass von nun an der Mond, denn nichts anderes war das zweite Auge, die Länge der Monate bestimme.

Khepera erschuf noch sechs weitere Götter und gab jedem eine besondere Aufgabe. Nachdem er dies getan hatte, erschuf er Männer und Frauen und setzte sie auf die Erde, damit sie ihn anbeten konnten. Er ließ Bäume und Gräser wachsen und alle möglichen andern Pflanzen. Er hauchte Fischen, Reptilien, Vögeln und anderen Tieren Leben ein, und danach ruhte er sich aus. Und so, sagen die Ägypter, fing alles an.

UNGEHORSAME KINDER

Nut und Geb

Als sich Khepera in den Ruhestand zurückzog, irgendwo hinter den Himmel, übertrug er Ra die Verantwortung für alle Dinge. Ra hatte immer viel zu tun. Jeden Morgen vor der Dämmerung musste er in seine Barke steigen und auf den himmlischen Nil hinausfahren. Dies war ein Fluss wie der Nil, der durch Ägypten floss, nur dass dieser Strom sich durch den Himmel zog.

Wenn Ras Barke die Mitte des Flusses erreicht hatte, schienen Lichtstrahlen aus dem riesenhaften Auge des Gottes hinab auf die schlafende Erde, erwärmten den Boden und erweckten alle Lebewesen aus ihrem Schlaf. Es war Zeit für den Tag zu beginnen. Je weiter das Boot segelte, desto heller wurde das Licht des Auges. Schließlich wurde es so gleißend, dass niemand auf der Erde mehr hinaufschauen konnte. Seine Hitze wurde so intensiv, dass die Menschen um die Mittagszeit den Schatten aufsuchen mussten, um nicht verbrannt zu werden. Wehe dem, der sich in der Wüste verirrt hatte, wo es keinen Schatten gab.

Ras Reise von Osten nach Westen dauerte den ganzen Tag. Am Abend konnte er sich entspannen, denn dort, wo der himmlische Nil die Berge des Westens erreichte, wurde er zu einem riesigen Wasserfall, der donnernd in einen schwarzen Abgrund fiel, der Tuat genannt

wurde. Ra stürzte nie gemeinsam mit seinem Boot in die Tiefe, aber er musste immer einen Teil seines Geistes zurücklassen, um den Seelen der Gestorbenen zu helfen, die jeden Abend in die Barke kletterten. Ra selbst stieg vorher aus und betrat die Felder des Friedens, die hinter dem Himmel lagen. Hier lebte Khepera und mit ihm viele andere Götter. Ra jedoch kannte weder Ruhe noch Frieden. Er musste die Nächte auf seinem goldenen Thron verbringen, über Recht und Unrecht entscheiden und die Dinge im Himmel und auf der Erde ordnen. Es war anstrengend ein Sonnengott zu sein.

Ra hatte vier Kinder: zwei Mädchen und zwei Jungen. Die Mädchen hießen Nut und Tefnut, die Jungen Schu und Geb. Eines Tages heirateten Nut und Geb ohne ihren Vater um Erlaubnis zu fragen. In Ägypten war es durchaus üblich, dass Brüder und Schwestern einander heirateten, aber Ra war sehr wütend, als er davon erfuhr. »Ihr wagt es ohne meine Erlaubnis zu heiraten? Na wartet!«

Er wusste, dass sie Mann und Frau geworden waren, weil Nut ein Kind haben wollte. Sie sehnte sich sehr danach – und so belegte Ra das Paar mit einem grausamen Fluch.

»Der Tag wird niemals anbrechen«, donnerte er, »an dem dir ein Kind geboren wird.« Der Tagesanbruch war eine Sache, die seiner Verantwortung unterstand.

Nut war bestürzt.

»Vater!«, rief sie. »Seit du die Erde erschaffen hast, habe ich mit meinen Zehen auf dem östlichen Horizont gestanden und mich gestreckt, bis meine Fingerspitzen den westlichen Horizont berührten. Ohne mich gäbe es keinen Himmel. Keine Sterne in der Nacht. Ich tue treu und zuverlässig die Pflichten, die du mir auferlegt hast, und trotzdem verweigerst du mir, was sich jede junge Ehefrau wünscht: ein eigenes Kind.«

Sie flehte und bettelte, aber es hatte keinen Sinn – Ra wandte sich von ihr ab. Da ersann die junge Braut einen listigen Plan. Sie hatte gehört, dass der Gott Thot, dessen Auge der Mond war und der außerdem ein Schreiber der Unterwelt war, das Würfelspiel über alle Maßen liebte. Thot war sehr mächtig und er war der »Zeitenbestimmer«. Eines Tages betrat Nut die Unterwelt, um mit Thot zu reden. »Was gibst du mir«, sagte sie, »wenn ich dich beim Würfelspiel schlage?«

Thot lachte. Es kam sehr selten vor, dass er beim Würfeln verlor. »Wenn du mich schlägst«, kicherte er, »kannst du alles von mir haben, was du willst.«

Er zog den Würfelbecher hervor und sie fingen an zu spielen. Nut bediente

sich ein wenig ihrer magischen Kräfte, was eigentlich nichts anderes als Mogelei war, aber Thot war so in das Spiel vertieft, dass er es nicht bemerkte, und bevor er sich's versah hatte er verloren.

»Hmmm«, murmelte er. »Ich weiß zwar nicht, wie das geschehen konnte, aber ich habe dir versprochen, dass du haben könntest, was du dir wünschst. Und ein Versprechen ist ein Versprechen. Was also willst du von mir?«

»Ich möchte, dass du an jedes Jahr fünf Tage anhängst«, antwortete Nut. Ein ägyptisches Jahr hatte dreihundertundsechzig Tage.

Thot schaute sie an. »Du willst, dass ich das Jahr verlängere?«

»Ja« nickte Nut. »Du bist doch der Zeitenbestimmer, oder?«,

Also machte Thot das Jahr fünf Tage länger, und weil diese Tage vorher nicht auf dem Kalender waren, hatte Ra keine Macht über sie. An diesen Tagen war sein Fluch wirkungslos. Und so geschah es, dass an einem dieser besagten Tage die Kinder von Nut und Geb geboren wurden. Genauso wie Ra hatten auch sie zwei Mädchen und zwei Jungen. Die Mädchen hießen Isis und Nephthys, die Jungen nannten sie Osiris und Seth. Ra war außer sich vor Wut über die Art und Weise, wie diese Kinder in die Welt gekommen waren, aber er konnte es nicht verhindern. Seine Tochter hatte ihn überlistet. Schlimmer noch: Ihre List war mit Hilfe von Thot gelungen, seinem Rivalen, dessen zweites Auge im Himmel er verachtete. Ra schmollte und wollte nichts mehr mit irdischen Angelegenheiten zu tun haben. Er machte sich auf und davon, um in Zukunft nur noch im Himmel zu leben.

EIN BLUTROTER SEE

Wie Ra sein Volk bestrafte

Weil Ra nun die meiste Zeit im Himmel verbrachte, fingen die Menschen an zu vergessen, dass er es war, der die Erde erschaffen hatte.

»Warum sollten wir noch länger auf ihn hören?«, murrten sie. »Er ist ja doch niemals da. Wir sollten ihn loswerden und stattdessen unseren eigenen König wählen.«

Doch Ra hatte immer noch Freunde in Ägypten und er erfuhr schon bald, was die Menschen gegen ihn planten. Er rief alle Götter und Göttinnen zu einem Treffen zusammen. »Eine Verschwörung ist im Gange«, verkündete er ihnen. »Eine Verschwörung der Menschen, die mich stürzen und jemand anderen an meine Stelle setzen wollen.« Er runzelte die Stirn. »Ich bin derjenige, der sie erschaffen hat, und jetzt wollen sie sich gegen mich stellen. Was soll ich eurer Meinung nach tun – sie bestrafen oder ihnen vergeben?«

Nicht ein einziger Gott und auch keine Göttin war dafür, den Menschen zu vergeben.

»Wir sind Götter und sie sind nur Menschen. Wie können sie es wagen sich gegen uns aufzulehnen? Du solltest ihnen die Glut deines Auges schicken, um diese Schande zu rächen.«

20

Ras mächtiges Auge war die Sonne, aber es konnte auch andere Formen und Gestalten annehmen. Auf seinen Befehl hin verwandelte es sich jetzt in eine wilde Löwin. Ra blickte die Schrecken erregende Raubkatze an. »Geh auf die

Erde«, zischte er. »Geh auf die Erde und töte. Töte und töte und töte. Hör nicht auf zu töten, bis das letzte menschliche Wesen umgebracht wurde. Geh jetzt.«

Die Löwin brauchte keine Ermutigung. Sie liebte das Töten. Blut war ihr Lieblingsgetränk. Mit einem fürchterlichen Brüllen sprang sie zur Erde hinab und fing an die Menschen in Stücke zu reißen, sie zu packen und zu schütteln, bis ihre Knochen knackten und das Blut spritzte. Sie fraß ihre Opfer nicht auf. Dazu hatte sie keine Zeit. Sobald sie das Leben aus einem herausgeschüttelt hatte, machte sie schon Jagd auf den nächsten. Die Menschen flohen in alle Himmelsrichtungen, schrien um Hilfe und versuchten sich zu verstecken, aber das grausame Biest hatte eine feine Nase: Wo immer sie sich verbargen, die Löwin spürte sie auf. Am Ende des Tages hatte sie die Hälfte aller Menschen auf der Erde abgeschlachtet. Als die Dunkelheit hereinbrach, kehrte sie in Ras Palast zurück. Der Gott gab ihr einen Namen: Sekhmet, die »Gewaltige«.

»Das hast du gut gemacht, Sekhmet«, schnurrte er. »Du kannst jetzt damit aufhören – die Menschen werden es nicht noch einmal wagen sich gegen mich zu verschwören.«

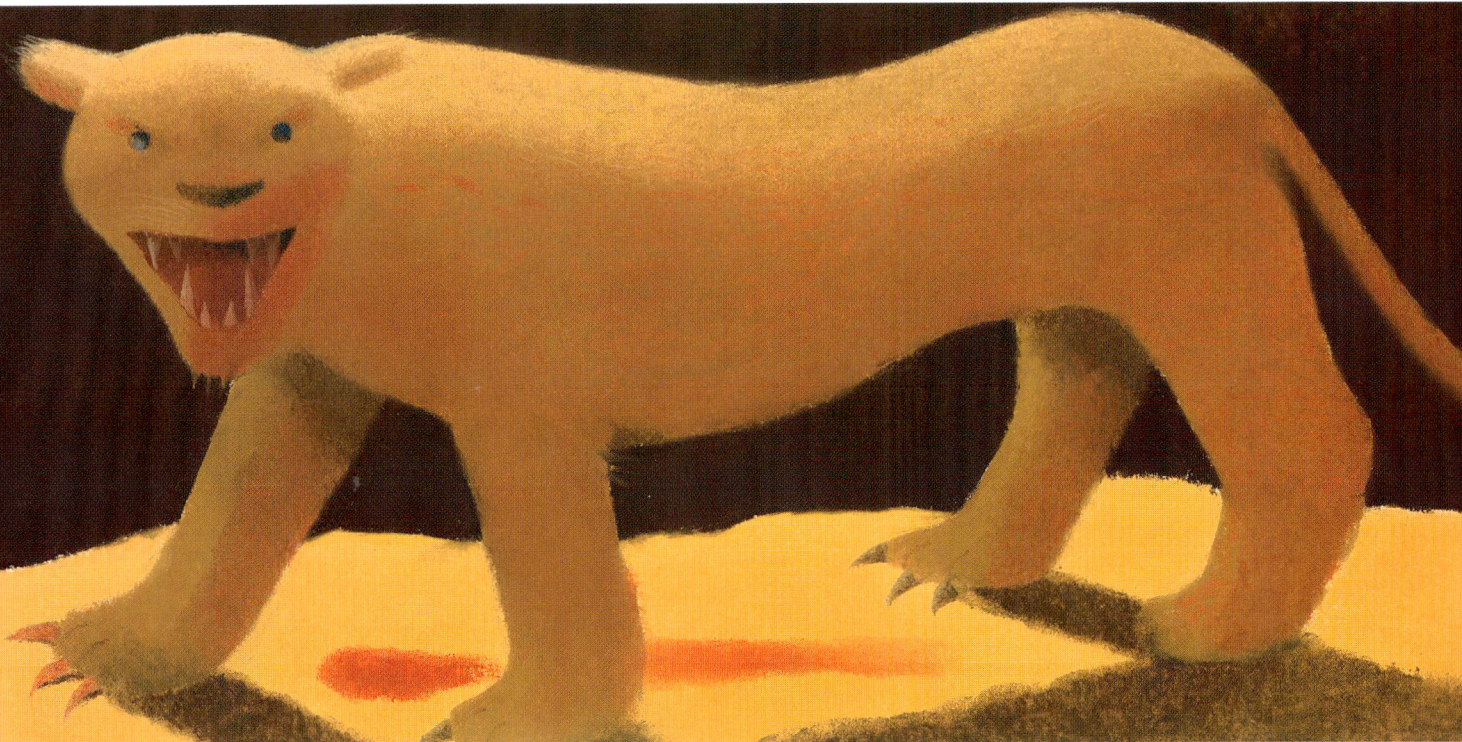

Die Löwin blickte ihn an. »Bis das letzte menschliche Wesen umgebracht wurde, hast du gesagt. Ich werde die Arbeit morgen vollenden.« Nicht einmal der Befehl des mächtigen Ra konnte Sekhmets Blutdurst Einhalt gebieten.

Ras Wut hatte sich abgekühlt. Jetzt empfand er Mitleid mit den Menschen, die übrig geblieben waren. Ständig musste er daran denken, welch schreckliches Schicksal sie am nächsten Tag erwartete.

»Ich muss die Löwin aufhalten«, sagte er zu sich selbst. »Ich muss mir etwas einfallen lassen.«

Da hatte er eine Idee. Im Süden von Ägypten gibt es einen besonderen Stein, der eine rote Farbe hat. Mitten in der Nacht sprach Ra flüsternd mit der Hohepriesterin in seinem Tempel in Heliopolis, woraufhin die Hohepriesterin Männer ausschickte, um große Brocken dieses roten Steins zu sammeln. Zur selben Zeit brauten die Frauen des Tempels auf ihren Befehl hin siebentausend

Krüge voll Bier. Als die Steine gebracht wurden, zermahlte man sie zu feinem Staub, der in das Bier geschüttet wurde. Das Bier sah jetzt wie Blut aus. Ra wies die Männer an das Bier aus den siebentausend Krügen auf den Boden auszuleeren, wo es einen großen, dunkelroten See bildete.

Als Sekhmet in der Morgendämmerung zur Erde hinuntersprang, war der See das erste, was sie sah.

»Blut«, knurrte sie. »Und ich muss nicht einmal auf die Jagd gehen.« Sie kroch an das Ufer des Sees heran und begann zu trinken. Schon bald hatte sie so viel Bier in sich, dass sie völlig betrunken wurde und völlig vergaß, warum sie zur Erde gekommen war. Sie trank so lange, bis schließlich ihre Zunge ihrem Befehl nicht mehr gehorchte. Dann stand sie auf und torkelte lallend und kichernd zu Ras Palast zurück. Am nächsten Tag hatte sie den größten Kater der Weltgeschichte, und während sie ihren Rausch auskurierte, vergaß sie, dass sie die Menschen auf der Erde töten wollte. Ra, der sehr mit dem Ergebnis seines Plans zufrieden war, hütete sich sie daran zu erinnern.

Was die Menschen anging: Sie wussten genau, wer ihnen das Leben gerettet hatte. Nie wieder erhoben sie sich gegen Ra.

DIE GESCHENKE DER GÖTTER

Isis und Osiris

Es gibt zwei Sorten Menschen auf der Welt – die Glücklichen und die Unglücklichen. Genauso war es auch im alten Ägypten. Als die Kinder von Nut und Geb erwachsen waren, erhielten Isis und Osiris die Hoheit über die fruchtbaren Felder von Ägypten, während Seth und Nephthys über den Rest herrschten – der hauptsächlich Wüste war.

Also waren Isis und Osiris die Glücklichen, aber sie hatten auch eine Menge Arbeit. Das Land war gut, aber die Menschen dort waren die reinsten Barbaren. Anstatt Getreide anzubauen und Vieh zu züchten, beschafften sie sich ihr Fleisch, indem sie die Tiere jagten, die am Fluss lebten. Sie aßen Wurzeln und Beeren, die sie von den Bäumen pflückten oder mit angespitzten Stöcken aus der Erde gruben. Manchmal plünderten sie das Nest eines wilden Bienenvolkes und stahlen den Honig, wobei sie von Kopf bis Fuß zerstochen wurden. Es gab nie genug zu essen und oft gerieten Gruppen von umherziehenden Jägern aneinander und bekämpften sich, um sich gegenseitig eine Hand voll Körner oder den Kadaver eines erbeuteten Tieres abzujagen. Viele Menschen wurden in diesen Handgemengen verletzt und viele der Verletzten starben, weil es noch keine Medizin gab und niemand der Heilkunst mächtig war.

Isis und Osiris waren gute und weise Herrscher. Ihnen gefiel die Art, wie die Ägypter lebten, gar nicht. Besonders Isis war darüber betrübt. »Es ist falsch von euch, mit euren Mitmenschen wegen eines Stücks Fleisch zu kämpfen«, sagte sie, »egal, wie hungrig ihr auch seid. Wenn ihr beherzigt, was Osiris und ich euch lehren werden, dann verspreche ich euch, dass ihr immer genug zu essen haben werdet.«

Die Menschen schauten zu, wie Osiris ihnen zeigte, wo Erzgestein in der Erde verborgen lag. »Aus diesem Erz könnt ihr Metall gewinnen«, sagte er zu ihnen. »Aus dem Metall könnt ihr Pflüge, Hacken und Sicheln herstellen, mit denen man die Erde bearbeiten kann. Kupfer eignet sich dafür am besten«,

sagte er. »Gold ist zu weich, aber man kann daraus wunderschöne Broschen und Armreifen formen.«

Dann brachte ihnen Isis bei, wie man Pflanzen sät und Schafe, Ziegen und Rinder als Nutztiere hält. »Wenn ihr so lebt, wie wir es euch gelehrt haben«, sagte sie, »wird jeder genug zu essen haben ohne dass ihr auf die Jagd gehen oder nach Wurzeln graben müsst.«

Sie zeigte ihnen auch, wie man Bienenvölker in Körben ansiedelt und wie man den Honig sammelt ohne gestochen zu werden. Jetzt hatten die Menschen Milch und Fleisch, Honig und Getreide – direkt neben ihren Häusern. Nun mussten sie nicht länger mühsam nach Lebensmitteln suchen und es gab auch keinen Grund mehr sich gegenseitig zu bekämpfen.

Später zeigten ihnen Isis und Osiris, welche Kräuter sich als Medizin eigneten, wie man das Garn spinnen und weben konnte, wie das Korn gedroschen und gemahlen werden musste, damit man daraus Brot backen konnte. Sie unterwiesen sie in der Steinmetzkunst und die Ägypter benutzten ihr Wissen, um zu Ehren der sanften Isis und des klugen Osiris kunstvolle Tempel zu errichten. Als die Zeit verging, wuchsen große Städte um diese Tempel herum – Städte, wo sich die Menschen in kostbare Gewänder kleideten und wertvolle Schmuckstücke aus Gold und Edelsteinen trugen. Außerhalb der Städte wurde das fruchtbare Land von wohl genährten und zumeist zufriedenen Bauern bearbeitet, die stolz auf ihr großartiges Land waren und auch auf die Eroberungen, derer Ägypten sich rühmen konnte.

DIE WUNDERBARE KISTE

Der Tod des Osiris

Während Isis und Osiris mit dem Aufbau des zivilisierten Ägyptens beschäftigt waren, saß ihr Bruder Seth in der Wüste und schmollte.

»Warum wird Osiris von allen geehrt«, murrte er, »während mich niemand liebt?«

Seine Frau lächelte. »Ganz einfach, Seth. Osiris hat aus Ägypten ein blühendes Land gemacht, in dem die Menschen in Frieden leben. Alles, was du in der Zwischenzeit fertig gebracht hast, ist hier in der Wüste zu sitzen und zu brüten und zu klagen. Du hast nichts aus diesem Ort gemacht. Er ist immer noch trocken und heiß und voller Schlangen und Skorpione. Hier gibt es nichts als Sand, der herumwirbelt und sich in die feinsten Ritzen setzt. Die Menschen sterben hier draußen.«

»Ja, aber ihm hat man das beste Stück des Kuchens gegeben«, grummelte Seth. »Das Stück Land, durch das der Nil fließt. Wenn ich dieses Stück bekommen hätte, hätte ich daraus auch einen wunderschönen Ort gemacht – das ist ja keine Kunst, wenn man Wasser hat. Ich könnte Wunder in dieser Wüste vollbringen, wenn ich nur einen Fluss hätte, der hindurchfließen würde.«

»Wenn es einen Fluss gäbe, wäre es keine Wüste«, bemerkte Nephthys trocken.

Seth warf ihr einen Blick zu. »Du hältst dich wohl für besonders klug, was?«, knurrte er. »Lass diese Bemerkungen. Sie passen nicht zu dir.«

Nephthys lächelte und verließ das Zimmer ohne ein weiteres Wort. Sie war die Launen ihres Mannes gewohnt. Als sie weg war, verfiel Seth wieder ins Brüten. Er liebte es lange und ausgiebig zu grübeln – und außerdem gab es in der Wüste sonst nicht viel zu tun.

Ich werde es ihnen schon zeigen, dachte er. Ich werde sie lehren, was es heißt, meinen Bruder zu lieben und mich zu hassen. Ich werde ihn beiseite schaffen, ihn loswerden, und dann werde ich König von Ägypten sein. Dann

ist Schluss mit den Festen und dem Tanzen und all den protzigen Gewändern, das verspreche ich euch!

Er ersann einen Plan. Einen wirklich grausamen Plan. Der Plan war so gut, dass er laut auflachte. Doch er wagte nicht seine Frau einzuweihen. Nephthys liebte

ihre Schwester Isis und sie mochte auch Osiris. Wenn er ihr von seinem Plan erzählte, würde sie womöglich nach Ägypten eilen und die beiden warnen.

Seth wusste, dass sein Bruder gerade von einer langen Reise nach Hause zurückgekehrt war und sich jetzt in Memphis ausruhte. Wahrscheinlich protzt er gerade mit all den fremden Orten, die er gesehen hat, dachte er. Bleib ruhig, wo du bist, Bruder. Geh bloß nicht weg. Ich habe eine Überraschung für dich.

Durch eine List hatte Seth die genaue Größe seines Bruders erfahren. Mit diesen Maßen ging er zu einem Zimmermann, den er gut kannte, und sagte zu ihm: »Ich möchte, dass du mir eine Kiste baust, die so groß ist, dass jemand darin liegen kann. Verziere sie an der Außenseite reich mit Schnitzwerk und dekoriere sie mit Blattgold und Lapislazuli und anderem kostbaren Geschmeide. Sie muss blitzen und funkeln – es wird ein Geschenk für einen ganz besonderen Freund. Und mach sie luftdicht, sodass jeder, der darin eingeschlossen wird, ersticken muss!«

Er ging nach Hause und befahl seinen zweiundsiebzig Gefolgsleuten – alles hagere und abgerissene Gestalten – ein üppiges Festmahl vorzubereiten. Während sie an die Arbeit gingen, ließ Seth sich seinen Streitwagen bringen und machte sich auf den Weg nach Memphis, wo er von seinem Bruder empfangen wurde. Lächelnd schlenderte er über den Marmorfußboden, schlang seine Arme um Osiris und drückte ihn fest an sich.

»Willkommen zu Hause, Bruder«, polterte Seth. »Alle haben dich vermisst, auch ich und Nephthys. Deshalb haben wir für heute Abend ein kleines Festmahl zu deinen Ehren vorbereitet, zu dem wir dich herzlich einladen, wenn du es einrichten kannst.«

Natürlich konnte Seth es einrichten. Er versprach zu kommen.

Das Bankett war ein großer Erfolg. Es wurde Musik gespielt und auf dem Tisch standen alle möglichen köstlichen Gerichte und die besten Weine. Tänzer, Akrobaten und Feuerschlucker unterhielten die Gäste, die sich auf großen, weichen Kissen räkelten. Alle amüsierten sich bestens, bis Seth seinen Gefolgsleuten ein Zeichen gab die wunderbarste Kiste herbeizubringen, die je ein menschliches Auge erblickt hatte. Sie war riesig und über und über mit Gold bedeckt, sodass sie strahlte und glänzte. Tausende von Juwelen glitzerten und funkelten im Licht und reflektierten es in blauen, grünen und rubinroten

Strahlen. Osiris konnte seinen Blick nicht von diesem herrlichen Gegenstand abwenden und insgeheim hoffte er, dass es ein Geschenk seines Bruders für ihn war.

»Alle mal herhören.« Seth war aufgestanden und bat um Aufmerksamkeit. »Wir werden jetzt ein kleines Spiel spielen. Es heißt ›Wer passend liegt – der's kriegt!‹«

Die Regeln des Spiels besagten, dass jeder in die Kiste klettern und sich hineinlegen musste. Seths Gefolgsleute spähten über den Rand um zu prüfen, ob einer der Gäste in die Kiste passte. Aber keiner hatte Erfolg. Ein oder zwei waren zu groß, aber die meisten waren nicht groß genug. Enttäuschung machte sich breit.

Schließlich kam Osiris an die Reihe. Ich bin ziemlich groß, dachte er. Viel-

leicht werde ich der Glückliche sein. Er stieg in die Kiste, legte sich hin und rückte sich ein wenig zurecht. Seine Schädeldecke berührte das eine Ende und seine Fersen das andere. Auch die Breite war genau richtig und umschloss bequem seine Schultern.

»Jaaa!«, rief er aus, aber bevor er sich erheben und den Sieg für sich beanspruchen konnte, schlugen Seths Gefolgsleute den Deckel zu und setzten sich darauf. Dicke Seile wurden herbeigeschleppt. Während man sie unter der Kiste durchreichte, festzog und verknotete, konnten die Gäste Osiris im Innern hören, wie er um sich trat, gegen das Holz hämmerte und brüllte. Aber sie waren alle Seths Freunde. Isis war zu dem Festmahl nicht eingeladen worden, und niemand hatte den Mut dem König von Ägypten zu helfen.

Die Kiste mit ihrem unglückseligen Gefangenen wurde nach draußen getragen und in den Nil geworfen. Die Strömung erfasste sie und wirbelte sie hinweg. Osiris, der in der Kiste ersticken würde, war beseitigt. Jetzt war ihr eigener, eifersüchtiger Herrscher in der Lage den Thron von Ägypten für sich zu beanspruchen.

DER
BÖSE TYRANN

Isis auf der Flucht

Furcht und Schrecken breiteten sich über dem Land aus. Seth war als König von Ägypten genauso grausam wie er vorher als Herrscher der Wüste übellaunig gewesen war. Er schickte seine zweiundsiebzig Gefolgsleute aus, um alle Freunde von Osiris ausfindig zu machen und zu töten. Jeder war verdächtig. Niemand fühlte sich sicher. Sogar die Götter hatten Angst. Einige von ihnen verwandelten sich in Tiere und versteckten sich in Löchern und Höhlen, um Seths Männer zum Narren zu halten. Isis, die in ihren Gemächern den Tod ihres geliebten Mannes beweinte, war in höchster Gefahr. Sie erwartete ein Baby – Osiris' Kind und der rechtmäßige Thronfolger. Wenn Seth etwas von diesem Kind erfahren würde, würde er Isis sofort ermorden lassen. Der Gott Thot versuchte nach Kräften dies zu verhindern. Im Schutz der Dunkelheit kam er zu ihr.

»Gute Königin«, sagte er, »das Kind, das du unter dem Herzen trägst, ist Ägyptens einzige Hoffnung. Du musst fliehen.«

»Wohin?«, fragte Isis. »Jeder kennt mein Antlitz. Man würde mich verraten und Seths Männer würden mich in Windeseile verhaften.«

Der Gott schüttelte den Kopf. »Nicht, wenn du dich im Nildelta versteckst. Dort gibt es Tausende von kleinen Inseln, unzählige ge-

wundene Wasserwege und die Sümpfe mit ihrer dichten Vegetation. Nur die, die dort geboren wurden, finden sich im Nildelta zurecht.«

»Aber … Ich kenne dort niemanden. Ich wäre ganz allein.«

Thot nickte ernst. »So ist es am besten, gute Königin. Wenn niemand dich kennt, kann dich auch niemand verraten. Schau!« Der Gott schnippte mit den Fingern und über den Boden kamen sieben Skorpione gekrochen. »Nimm diese Geschöpfe mit. Ihre tödlichen Stacheln werden die Neugierigen abschrecken. Außerdem werden sie dir Gesellschaft leisten – auf ihre Weise. Mehr kann ich nicht tun.«

Und so schlich sich die arme Isis aus dem Heim, das sie mit Osiris geteilt hatte, und machte sich auf den Weg ins Nildelta. Die sieben Skorpione hatten sich an ihre Fersen geheftet und eilten hinter ihr her. Sie beeilte sich, denn ihr war klar, dass sie das dichte Schilfrohr erreichen musste, bevor Ras feurige Sonnenbarke ihre Reise über den Himmel begann. Wenn sie von ängstlichen und verschreckten Ägyptern entdeckt würde, wäre es möglich, dass diese sie an Seth verrieten in der Hoffnung dem grausamen König zu gefallen.

Sie schaffte es gerade noch rechtzeitig. Als der mächtige Ra im östlichen Himmel in sein Boot stieg, schlüpfte die unglückliche Königin in die kühlen Schatten des Deltas. Sie war jetzt in Sicherheit, aber sie musste einen Platz finden, an dem sie bleiben konnte. Einen Platz, wo sie ihr Kind aufziehen konnte – jenes Kind, das Thot als Ägyptens einzige Hoffnung bezeichnet hatte. Und sie musste darüber nachdenken, wie sie ihr Kind mit besonderen Fähigkeiten ausstatten konnte, mit magischen Kräften, die es dringend brauchen würde, wenn es eines Tages seinen Thron von dem grausamen Tyrannen zurückfordern wollte, der jetzt wie eine hässliche Kröte daraufhockte.

DER GEHEIME NAME

Wie Isis Ra überlistete

Der mächtige Sonnengott Ra hatte einen geheimen Namen, der unglaubliche Zauberkräfte besaß. Jeder, dem es gelang, diesen Namen herauszufinden, konnte sich diese magischen Kräfte aneignen. Das Problem war nur, dass Ra außer diesem einen, geheimen Namen noch eine ganze Menge anderer Namen besaß. Manche nannten ihn Amun, andere Ptah und wieder andere Khephri. Es kam immer darauf an, wo die Person war, die von ihm sprach oder ihn anbetete, welche Tageszeit gerade war – und auf viele andere Dinge. Aber niemand rief Ra bei seinem geheimen Namen, denn niemand kannte ihn. Ra hütete sein Geheimnis gut.

Isis saß im Schatten einer Papyrusstaude und betrachtete das braune Wasser, das träge vorbeifloss. Seths Männer suchten ganz Ägypten nach ihr ab, aber hier im Delta war sie sicher, zumindest für den Augenblick. Bald würde sie ihr Baby bekommen, aber bevor es geboren wurde, musste sie einen machtvollen Zauber finden, den es später in der Schlacht gegen Seth einsetzen könnte. »Was ich brauche«, überlegte sie, »ist die Magie in Ras geheimem Namen. Wenn ich nur wüsste, wie ich ihn dazu bringen kann ihn mir zu verraten.«

Auch Isis konnte zaubern und jetzt benutzte sie ihre Fähigkeiten, um zu den Feldern des Friedens zu fliegen, wo Ra zusammen mit vielen anderen Göttern lebte und wo die Seelen der Toten die Erde bearbeiteten, die immer fruchtbar war und immer reiche Ernte versprach.

Ich verstecke mich neben dem Weg, auf dem er immer spazieren geht,

dachte sie. Ich werde ihn ausspionieren. Wer weiß – vielleicht spricht er den geheimen Namen zufällig aus, wenn er in Gedanken versunken ist.

Also verbarg sie sich in dem dichten Gebüsch direkt an Ras Lieblingsweg und belauschte ihn, wenn er vorüberging. Manchmal murmelte er etwas zu sich selbst, wenn er an ihrem Versteck vorbeikam, manchmal summte er vor sich hin, aber niemals sprach er den geheimen Namen aus.

Isis war nahe daran zu verzweifeln. Eines Tages, als der Sonnengott sich ihrem Versteck näherte, spuckte er vor sich auf die Erde. Isis entschied, dass es Zeit für einen kleinen Zauber sei. Sie wartete, bis Ra um eine Ecke verschwunden war, dann kroch sie hervor und mischte seinen Speichel mit einem bisschen von dem Staub, auf den er gefallen war. Das Ergebnis war ein Lehmklumpen, den die

Zauberin zu einer Schlange formte. Sie murmelte einen Spruch und sofort erwachte die Schlange zum Leben. Isis versteckte die Schlange unter einigen Steinen auf dem Pfad und glitt dann wieder in ihr Gebüsch.

Nach kurzer Zeit kehrte Ra zurück. Als er an den Steinen vorbeiging, spürte er plötzlich einen stechenden Schmerz in seinem Zeh. Er stieß einen erschrockenen Schrei aus und hüpfte auf einem Bein herum, während er sich den anderen Fuß hielt. Andere Götter kamen herbeigerannt, um zu sehen, was geschehen war. Ra hörte auf zu hüpfen und fiel stattdessen zu Boden, wo er keuchend lag und sich mit schmerzverzerrtem Gesicht wand. Seine von kaltem Schweiß überzogene Haut nahm eine bläuliche Färbung an. Die Schlange hatte sich unbemerkt davongemacht, doch ihr Gift raste durch Ras Körper. Die Götter blickten erschrocken drein und fragten sich, welche tödliche Krankheit den Sonnengott wohl befallen haben mochte, denn sie erkannten, dass er im Sterben lag.

Da trat Isis aus den Büschen.

»Er wurde von einer Schlange gebissen«, rief sie und kniete sich neben Ras Kopf. Sie blickte in seine Augen. »Verrate mir deinen geheimen Namen und ich werde einen Zauberspruch aussprechen, der das Gift unschädlich macht.«

Ra wand sich qualvoll, aber er war entschlossen sein Geheimnis zu bewahren. »Mein Name ist Ra«, keuchte er.

»Nein!«, rief Isis aus. »Deinen geheimen Namen.«

»Es ist Amun.«

Isis schüttelte ihren Kopf.

»Khephri.«

Wieder schüttelte Isis den Kopf.

»Ptah.«

Isis beugte sich über den zitternden Gott.

»Du hast nicht mehr viel Zeit«, zischte sie. »Du hörst jetzt besser mit diesen Spielchen auf.«

Ra blickte die Zauberin aus angstvollen und verschleierten Augen an.

»Also gut, also gut«, krächzte er. »Komm näher – niemand außer dir darf ihn hören.«

Mit letzter Kraft murmelte er seinen geheimen Namen in Isis' Ohr.

Isis nickte, lächelte und stand auf. Die Götter beobachteten das Geschehen erwartungsvoll aus sicherer Entfernung. Isis hielt Ra mit ihrem Blick fest und sprach die Zauberworte. Sofort verwandelte sich das Gift im Körper des Gottes in Wasser. Er hörte auf zu keuchen und lag still. Der Schmerz verschwand. Er konnte wieder leichter atmen. Das Licht kehrte zurück.

Während Ra sich aufsetzte und Isis sich erhob, kamen die Götter herbeigelaufen und stießen Freudenrufe aus. Isis dachte, ihr seid Götter und ich bin nur eine Zauberin, aber ich weiß etwas, was keiner sonst von euch weiß. Dieses Wissen macht mich mächtiger als euch alle zusammen. Jetzt habe ich etwas von unschätzbarem Wert, was ich meinem ungeborenen Kind geben kann.

Sie murmelte einen Zauber und stand im nächsten Moment nicht mehr auf den Feldern des Friedens, sondern wieder im Nildelta. Dort legte sie sich in den Schatten eines Papyrus und erwartete die Geburt ihres Kindes.

DIE KLEINE SCHWALBE

Isis auf der Suche nach Osiris

Die Sonne brannte vom kupferroten Himmel herab. Isis lag sehr still in ihrem kleinen Schattenfleck. Sie wusste, dass die Sonne das Auge von Ra war und dass der mächtige Gott voller Wut nach ihr suchte, weil sie ihm seinen geheimen Namen gestohlen hatte. Als sie so dalag und Ras Reise über den Himmel beobachtete, wurde ihr Baby geboren. Das Kind war ein Junge und Isis nannte ihn Horus.

Er war ein starker, gesunder Knabe und Isis war sehr glücklich, bis sie schließlich daran dachte, welches harte und gefährliche Schicksal ihn erwartete. »Wie sehr wünsche ich mir, dass dein Leben von Frieden gesegnet sein möge«, flüsterte sie. Doch sie wusste, dass in seinem kleinen Körper die Macht schlummerte, die sie Ra weggenommen hatte. Sie lächelte tapfer und sagte: »Eines Tages, mein Kleiner, wirst du den Thron von Ägypten zurückerobern und deinen armen, ermordeten Vater rächen. Erst dann wirst du Frieden finden – du und Ägypten.«

Der Gedanke an Osiris verursachte einen heftigen Schmerz in ihrem Herzen. Wenn sie nur wüsste, wo sein Körper lag, könnte sie die Götter anflehen ihn wieder zum Leben zu erwecken. Dann wäre ihr Glück vollkommen. Die Strömung des Nils hat ihn mitgerissen, dachte sie. Die Kiste könnte irgendwo hier im Delta sein. Ich könnte Horus hier im Schatten zurücklassen, beschützt durch meinen Zauber, und ihn suchen gehen.

Isis sprach ein paar magische Worte, damit ihr Kind in Frieden schlafen konnte, bis sie zurückkehren würde. Sie war eine Verwandlungskünstlerin und so nahm sie die Gestalt einer Schwalbe an und erhob sich in die Lüfte. Jetzt kann ich das ganze Delta überblicken, dachte sie. Meine Suche wird nicht lange dauern.

Diesmal allerdings irrte sich die Zauberin. Die Kiste, in der der Körper ihres Mannes lag, war weit über das Meer getrieben worden und an der Küste des fernen Phöniziens ans Ufer gespült worden. Dort war ihr Holz auf wunderbare Weise zum Leben erwacht, hatte Wurzeln geschlagen und Zweige und Äste getrieben. Bald schon war ein großer Baum daraus geworden und nichts wies darauf hin, dass er jemals etwas anderes als ein Baum gewesen war. Die Kiste lag tief im Stamm verborgen.

Eines Tages erblickte der König der Phönizier den lieblichen Baum und ließ ihn fällen. »Schnitzt eine große Säule aus dem Stamm«, befahl er, »und stellt sie in meinen Palast.«

Und während Isis in immer größeren Kreisen den Himmel durchstreifte, wurde aus dem Baum, in dem der Körper ihres Mannes steckte, eine wunderschön geschnitzte Säule im Palast des phönizischen Königs.

Es dauerte sehr lange, bis die kleine Schwalbe die Küste Phöniziens erreichte. Immer wieder musste sie zum Nildelta zurückkehren um nachzusehen, ob Horus sich in Sicherheit befand und ob es ihm gut ging. Jetzt überflog Isis einen großartigen und prächtigen Palast. Mit Hilfe ihrer magischen Kräfte erkannte sie das Unfassbare: Scheinbar befand sich ihr geliebter Mann in einer der Säulen, die das Dach des Palastes trugen. Sie ließ sich auf der Erde nieder, nahm ihre eigene Gestalt an und machte sich auf den Weg in den Palast.

Es war nicht einfach in den Palast zu gelangen. Die Tore wurden Tag und Nacht bewacht. Die Wachen lachten die schöne Fremde aus, die herbeikam und eine wüste Geschichte über die Suche nach ihrem Ehemann erzählte. Sie hielten sie für wahnsinnig.

»Ja, klar, Liebchen«, kicherten sie. «Der ganze Palast ist aus toten Ehemännern errichtet. Ständig kommen Witwen hierher und wollen die Körper ihrer Männer mitnehmen. Aber weißt du, wenn wir das zuließen, gäbe es bald keinen Palast mehr, und wo sollten dann der König und die Königin wohnen?«

Also versuchte Isis einen anderen Weg. Sie freundete sich mit einigen Dienerinnen der Königin an, die den Palast von Zeit zu Zeit verließen, um Botengänge für ihre Herrin zu erledigen. Die Frauen waren von der schönen Fremden fasziniert, von ihren Kleidern, ihrer Art sich zu schminken und ihr Haar zu frisieren. Wie die Wachen fanden auch sie ihre Geschichte unglaubwürdig, aber sie tratschten darüber und eines Tages kam sie der Königin zu Ohren, die daraufhin nach der fremden Frau schicken ließ.

Genau darauf hatte Isis gehofft. Als die Königin sie zu sich befahl, machte Isis sich so schön, dass die Herrscherin sie sofort in ihre Dienste nahm und sie sogar zur Kinderfrau ihres kleinen Sohns machte.

Isis war dankbar für die Freundschaft der Königin. Sie wollte ihre Zuneigung gerne zeigen und der Königin eine gute Tat erweisen. Eines Nachts, als der kleine Prinz schlief, warf sie einen Zauber über ihn, der ihm ewiges Leben verleihen sollte. Einige Sekunden lang war das Baby in magisches Feuer gehüllt, und genau in diesem Moment wachte die Königin auf und erblickte ihr Kind. Sie wusste nichts von dem Zauberspruch – alles, was sie sah, war ihr Baby in Flammen und sieben Skorpione, die im Kreis um seine Krippe liefen und das Geschehen beobachteten. Als Isis den entsetzten Ausdruck auf dem Gesicht der Königin sah, brach sie schnell den Bann. Die Flammen erloschen. Die Skorpione krabbelten eilig davon. Das Baby war unverletzt.

Isis tröstete die Königin. »Das Feuer hätte deinem Kind nichts angetan«, versicherte sie ihr. »Es war Teil eines Zaubers, der ihn unsterblich machen sollte. Jetzt ist der Zauber gebrochen und kann nicht wieder zusammengefügt werden.«

Die Königin schaute sie an. »Willst du damit sagen, dass du zaubern kannst?«, fragte sie flüsternd.

Isis nickte.

Als dies dem König zu Ohren kam, befürchtete er, dass er und sein Hofstaat die mächtige Fremde gekränkt haben könnten, und er versprach ihr, dass sie sich jeden beliebigen Gegenstand in seinem Königreich aussuchen dürfte. Was auch immer es sei, es würde ihr gehören. Ohne zu zögern deutete Isis auf die große, geschnitzte Säule. »Diese Säule will ich«, sagte sie.

Der König schickte nach seinen Zimmerleuten. Die Säule wurde von ihrem Platz entfernt und der Länge nach durchgesägt. Im Innern befand sich eine wunderschöne Kiste und in der Kiste lag der Körper von Osiris. Alle waren sprachlos.

Der König gab Isis ein Boot. Diener trugen die Kiste an Bord und banden sie dort fest. Isis setzte die Segel und steuerte auf Ägypten zu, wo sie die kostbare Kiste im dichten Gebüsch des Nildeltas versteckte. Danach eilte sie zu der Stelle, wo sie den kleinen Horus zurückgelassen hatte, und war überglücklich, als sie feststellte, dass ihr Zauberspruch ihn bestens beschützt hatte.

SIEG
DER LIEBE

Die Wiedergeburt
des Osiris

Seth warf dem Schwein einen Blick zu. »Du behauptest, du hättest wichtige Informationen und ich hoffe für dich, dass das wahr ist. Normalerweise gewähre ich Schweinen nämlich keine Audienz – denn ich mag sie viel lieber in Form von gebratenem Schinken.«

»Oh Mächtiger«, quiekte das Schwein. »Ich … ähm, ich habe den Körper von Osiris gefunden.«

»Du hast was?«

»Im Delta, Oh Unfehlbarer. Während ich im Schlamm wühlte.«

»Wo genau im Delta?«

»Ich … äh … ich könnte dich zu der Stelle führen, Euer Vollkommenheit.«

»Dann tu das, Schwein. Tu es sofort und ich werde dich fürstlich belohnen. Ein Titel. ›Schwein aller Schweine‹. Wie hört sich das an?«

»Das ist Musik in meinen Ohren, o Erhabener.«

Seth griff sich eine Axt und ließ sich von dem Schwein zu der Stelle führen, wo die Kiste im Schilf verborgen lag. Seth nahm den Deckel ab, wuchtete Osiris' Körper heraus und warf ihn auf den Boden.

»Ich weiß genau, was Isis vorhat, diese Hexe«, stieß er zwischen den Zähnen hervor. »Sie will ihn wieder zum Leben erwecken. Nun …« Er hob die Axt über den Kopf, sodass sie im Sonnenlicht glänzte. »Ich möchte sehen, wie sie – oder sonst jemand – das anstellen will, wenn ich erst mit ihm fertig bin.«

Herunter sauste die Axt. Hinauf und wieder herunter. Immer wieder. Als Seth aufhörte zu hacken, lag Osiris' Körper in vierzehn Stücke zerteilt vor ihm. Seth lachte, nahm die Stücke eins nach dem anderen und warf sie so weit er konnte in den Fluss.

Bei ihrer Rückkehr einige Tage später fand Isis nur noch eine leere Kiste vor.

»Wo ist Osiris?«, rief sie aus. »Wer hat ihn fortgenommen?«

Jammernd und klagend lief sie durch das schlammige Labyrinth des Nildeltas und fragte die wenigen Menschen, denen sie begegnete, ob sie irgendetwas über das Verschwinden des Leichnams wüssten.

Nach und nach, durch ein Gerücht hier und eine Information dort, erfuhr Isis alles – über das Schwein, den Tyrannen und die Axt.

Sie wurde fast wahnsinnig vor Kummer, aber sie gab nicht auf. Vor ihren Augen stand das Bild des lachenden Seth und sie flüsterte: »Du glaubst, das sei das Ende, nicht wahr, Seth? Du glaubst, du seist jetzt sicher auf deinem goldenen Thron, aber du irrst dich. Du irrst dich gewaltig. Ich werde die Stücke von Osiris finden, und wenn mir das gelingt, werde ich die Götter bitten ihn wieder lebendig zu machen. Sie werden es tun – sie sind allmächtig. Und da ist noch mein Sohn Horus. Sicher, er ist jetzt nur ein Kind, aber eines Tages wird er erwachsen sein. Jeden Tag wird er stärker und hier im Nildelta ist er gut verborgen, so gut, dass du ihn niemals finden wirst. Weder deine Augen noch die deiner Spione werden ihn jemals ausfindig machen. Bald wird er ein Mann sein, ein Mann mit der Macht des geheimen Namens von Ra. Dann werden wir ja sehen, wer zuletzt lacht!«

Die Zauberin nahm eine Sichel und schnitt damit große Büschel Schilfrohr ab. Die Ruten band sie zu einem zerbrechlichen Boot zusammen. Zu ihrem Erstaunen und ihrer Freude kam ihr ihre Schwester Nephthys zur Hilfe. Nephthys war zwar mit Seth verheiratet, aber die grausamen Machenschaften ihres Gatten hatten solchen Abscheu in ihr erregt, dass sie sich von ihm abgewandt hatte.

»Er ist verrückt«, sagte sie zu Isis. »Er lässt sogar Menschen zu seiner Unterhaltung foltern. Wenn du ihn gesehen hättest, wie er mit der Axt in der Hand und dem Schwein an seinen Fersen in den Palast zurückkehrte! Das ›Schwein der Schweine‹. Er versklavt Menschen, damit sie dem Schwein einen Tempel errichten! Ich weiß nicht, ob ich jemals zu ihm zurückkehren werde.«

Seite an Seite banden die Schwestern das Schilf zu Bündeln und knoteten die Bündel zusammen, bis das Boot fertig war. Dann stiegen sie ein und paddelten mit ihrem Gefährt durch die schmalen, flachen und gewundenen Wasserstraßen, die das Delta bildeten. Ihr Blick war stets suchend nach unten in das braune Wasser gerichtet. Sie brauchten sehr lange, aber schließlich hatten sie alle Stücke von Osiris' Körper gefunden. Alle, bis auf eins. Dieses Stück ist nie wieder aufgetaucht, denn es war von einem Fisch namens Oxyrhynchus gefressen

worden. Viel später, als Isis schon lange nach Ägypten zurückgekehrt war, erzählte sie den Menschen, was der Oxyrhynchus getan hatte. Von diesem Tage an wurde der Oxyrhynchus als heilig und unantastbar betrachtet und kein Ägypter hat jemals wieder sein Fleisch gegessen.

Isis und Nephthys legten die dreizehn übrigen Stücke von Osiris auf den Boden und schickten ein Gebet zu dem mächtigen Sonnengott Ra. Offenbar hatte er Isis den Diebstahl seines geheimen Namens vergeben, denn er schickte Thot und Anubis, einen Gott der Unterwelt, um den Körper neu zusammenzusetzen und ihm wieder Leben einzuhauchen. Als sich ihr geliebter Ehemann bewegte und schließlich aufsetzte, wurde Isis von Freude und Glück überwältigt. Sie kniete nieder, schlang ihre Arme um ihn und jubelte, als sie die Stärke seiner Muskeln und die Wärme seiner Haut spürte. Jetzt würde alles wieder so sein wie früher. Das Leben würde wieder vollkommen sein.

Aber sie irrte sich.

»Isis«, sagte Ra, »dein Gatte lebt und dafür musst du dankbar sein. Aber er kann nicht in dieser Welt bleiben. Ich werde ihn zum Herrscher im Land der Toten ernennen und dort wird er für immer leben.«

SETHS SCHLANGE

Die Rettung des kleinen Horus

Während sie versuchte den kleinen Horus zum Mann zu erziehen, gab es Zeiten, in denen Isis vor Sorge fast verzweifelte. Jeden Moment konnte er von einer Schlange gebissen, von einem Skorpion gestochen oder von einem der Buschbrände getötet werden, die manchmal im sonnentrockenen Schilf wüteten. Ihre größte Angst war, dass Seths Schergen das Kind entdecken und seinem grausamen Onkel verraten könnten, wo er sich befand. Um sich davor zu schützen, versteckte sich die Zauberin mit Horus auf einer großen, schwimmenden Insel, die mit mannshohem Schilf und Papyrus bewachsen war. Weil die Insel sich ständig bewegte, konnte niemand mit Sicherheit sagen, wo die Flüchtlinge am nächsten Tag sein würden.

Isis musste Nahrung suchen, daher konnte sie nicht die ganze Zeit bei Horus bleiben. Ab und zu verkleidete sie sich als arme Frau aus den Sümpfen und ging in die weit verstreuten Dörfer, um dort um Essen zu betteln. Während sie weg war, versammelten sich die Sumpfgöttinnen um die Insel und bewachten den kleinen Jungen. Manchmal kam die Göttin Hathor in Gestalt einer Kuh herbei und fütterte ihn mit ihrer Milch. Die Zeit verging und Horus wurde jeden Tag größer und stärker.

In der Hauptstadt hörte Seth eines Tages, wie ein Reisender von einem Kind erzählte, das in den Sümpfen zur Welt gekommen war und wie ein wildes Tier im Schilf aufwuchs. Der Tyrann fühlte Angst in sich aufsteigen. Er ahnte, dass dies das Kind von Isis und Osiris war, den er ermordet hatte. Er ließ den Reisenden gefangen nehmen und verhören, aber der Mann berichtete, dass es unmöglich sei, sich dem Kind zu nähern, weil es von den Sumpfgöttinnen beschützt würde. Seth dachte sich einen Plan aus. Er rief eine kleine, giftige Schlange zu sich und befahl ihr das Baby zu töten.

Isis war zu dieser Zeit wieder als Bettlerin unterwegs, als eines Tages die Schlange lautlos durch das gelbe Wasser glitt und unbemerkt von den Sumpfgöttinnen ans Ufer der schwimmenden Insel kroch. Sie fand das Kind, das im Schilf schlief, und biss es in den Fuß. Der Junge erwachte mit einem Schrei. Die Schlange machte sich durch den Papyrus davon, während das Baby anfing zu brüllen. Tödliches Gift pulsierte durch seinen Körper. Als Isis zurückkehrte, lag Horus bereits im Sterben.

Sie hätte ihre magischen Kräfte benutzen können, um das Kind zu retten. Schließlich war sie eine Zauberin. Aber der Anblick ihres todkranken Kindes ließ sie in hilflose Panik ausbrechen.

»Hilfe!«, rief sie laut. »Bitte helft mir! Mein Sohn stirbt und ich weiß nicht, was ich tun soll!«

Sie blickte verzweifelt um sich, aber es war niemand da. Osiris befand sich im Land der Toten und ihre Schwester Nephthys war in Seths Palast zurückgekehrt, denn immerhin war er ihr Ehemann. Isis lief im Schilf auf und ab, schrie und klagte und wiegte das Kind, das jede Minute schwächer wurde.

Schließlich hörten einige Fischer die Frau schreien und legten an der Insel an, um nachzusehen, was geschehen war. Sie erkannten, dass Horus ernsthaft krank war, aber sie hatten keine Ahnung, was sie tun sollten. Einer von ihnen rannte zurück zum Boot und paddelte schnell zum nächsten Dorf, wo eine weise Frau lebte. Er erzählte ihr von dem Baby und gemeinsam ruderten sie zur schwimmenden Insel zurück. Sie untersuchte Horus und wandte sich dann zu Isis.

»Dein Kind wurde von einer Schlange gebissen«, sagte sie. »Kein Heiltrank, den ich dir brauen könnte, würde ihn retten. Bete zu Ra, er ist deine einzige Hoffnung.«

Isis blickte in den Himmel. Es war später Nachmittag. Ras Barke hatte schon fast den Horizont erreicht. Jeden Moment würde sie die Stromschnellen erreichen, die zu dem großen Wasserfall und dann hinab in die Tiefen des Tuat führten. Wenn das geschah, würde die Nacht auf die Erde niedersinken und Ra würde sich bis zum nächsten Morgen auf den Feldern des Friedens aufhalten, unerreichbar für irdisches Flehen. Als sie dies begriff, warf die Zauberin ihren Kopf in den Nacken und stieß einen Schrei aus, wie ihn die Welt klagender

und verzweifelter noch nie gehört hatte. Der Schrei war so gewaltig, dass er in den dunkler werdenden Himmel flog und dort widerhallte und wie eine Welle an die Seite von Ras Barke schlug, die mitten im Strom anhielt. Ra runzelte die Stirn, blickte verwirrt um sich und wunderte sich, warum das Boot nicht weiterfahren wollte. Wenn die Reise nicht weiterging, würde es nie Nacht werden. Alles auf Erden würde zum Stillstand kommen. Es gäbe kein Morgen mehr.

Ra rief nach Thot und sagte: »Steig hinab und sieh nach, woher dieser furchtbare Schrei kam. Finde heraus, was ihn verursacht hat. Beeile dich!«

Thot flog zur Erde und verfolgte die Spuren des Schreis bis zu der schwimmenden Insel, wo Isis stand und ihr Baby in den Armen wiegte.

»Was ist los?«, fragte er wütend. »Du hast die Sonne angehalten und damit die Zeit zerstört. Dein Schrei hat den Morgen getötet!«

Isis warf dem Gott mit dem Ibishaupt einen kurzen Blick zu. »Morgen? Für Ägypten wird es kein Morgen geben, wenn mein Baby stirbt. Seth weiß das und er hat eine Schlange geschickt, um meinen Sohn zu töten.«

Thot streckte die Arme aus und nahm das schlaffe Bündel aus den Armen der Mutter. Er blickte in das bleiche, schweißnasse Gesicht des Kindes und murmelte leise Zaubersprüche und Beschwörungen. »Dieses Kind hat die Macht des geheimen Namens von Ra, dem Sonnengott. Er steht unter dem Schutz des Allmächtigen und kein Leid kann ihm geschehen. Das Gift wird ihn verlassen, ihn verlassen, ihn verlassen ...«

Da kroch eine winzige schwarze Schlange zwischen den bläulichen Lippen des Babys hervor, fiel zu Boden und löste sich in Rauch auf. Sofort begann Horus in den Armen des Gottes zu strampeln, um sich zu treten und vor Hunger zu brüllen. Thot reichte ihn seiner freudestrahlenden Mutter.

»Ra wacht über dieses Kind«, murmelte er leise. »Nichts wird ihm jetzt noch ein Leid zufügen können.« – Thot kehrte zum Himmel zurück. Ras Barke nahm ihre Fahrt wieder auf. Die Nacht brach herein. Die Fischer stiegen in ihre Kähne und Isis fiel in ihrem Schilfbett in tiefen Schlaf.

DAS MAGISCHE AUGE

Wie Horus ein Auge verlor

Die Gefolgsleute von Seth hörten nicht auf nach dem Sohn des Osiris zu suchen, aber Horus und seine Mutter blieben in der Sicherheit der schwimmenden Insel. Als ihr Sohn älter wurde, begann seine Mutter ihm Geschichten über die Grausamkeit seines Onkels zu erzählen.

»Er hat deinen Vater ermordet«, sagte sie, »seinen eigenen Bruder! Er würde nicht zögern auch dich umzubringen, wenn er die Möglichkeit hätte. Du musst ihm fernbleiben, bis die Zeit gekommen ist.«

Horus seufzte. »Das sagst du immer, Mutter, aber wann wird die Zeit endlich gekommen sein? Ich bin schon groß und stark. Ich könnte ihn vernichten. Ich weiß, dass ich es könnte!«

Isis schüttelte den Kopf. »Warte ab, mein Sohn. Hab Geduld. Nur noch eine kleine Weile, dann wirst du König von Ägypten sein.«

Aber Horus hatte es satt zu warten. Er war ein kluger, lebhafter Junge und es gab nicht viel, womit er sich auf einer schwimmenden Insel im Nildelta vergnügen konnte. Er stellte sich vor, wie es wäre, wenn er schon jetzt König wäre. Sport und Wettkämpfe, Gelage mit Speisen und Wein, Gewänder nach der letzten Mode. Mädchen. Er war lange genug geduldig gewesen. Er beschloss sich auf den Weg zu

56

machen ohne seine Mutter um Erlaubnis zu bitten und Seth unverzüglich herauszufordern.

Er ging in der Nacht und schritt federnd über den mondbeschienenen Sand der Wüste.

Am Morgen erreichte er den Königspalast. Seth erkannte ihn sofort an seinem wunderbaren magischen Auge. »Willkommen, Neffe«, gurrte er. »Welchem Umstand haben wir das Vergnügen deiner Gesellschaft zu verdanken?«

»Ich bin gekommen, um dich abzusetzen, Onkel Seth«, rief Horus. »Ich bin schließlich der rechtmäßige König!«

Seth kicherte. »Mich absetzen, du unverschämtes Kerlchen? Aber wahrscheinlich war ich in deinem Alter nicht anders. Trinken wir ein Glas Wein zusammen und besprechen die Sache wie vernünftige Menschen.«

Horus war müde und durstig und Seth schien alles in allem ganz freundlich zu sein. Er folgte seinem Onkel in den Palast hinein, wo sie beide Platz nahmen. Wein und Speisen wurden gebracht. Sie redeten. Mehr Wein wurde eingeschenkt. Und noch mehr.

Jedesmal, wenn Horus seinen Becher leer getrunken hatte, wurde er nachgefüllt. Er fing an sich köstlich berauscht zu fühlen.

»Der König lächelte. »Armer Junge. Du bist ja völlig erschöpft. Kein Wunder, bist du doch die ganze Nacht lang durch die Wüste gelaufen. Am besten schläfst du dich erst einmal richtig aus und wir klären die ganze Sache morgen früh. Was meinst du?«

Es hörte sich nach einer guten Idee an. Horus war wirklich erschöpft und der Rausch des Weins hatte die wiederholten Ermahnungen seiner Mutter aus seinem Kopf vertrieben. Er gestattete es, dass man ihn in ein kühles, dunkles Schlafzimmer führte, wo er auf dem Bett zusammenbrach und sofort in tiefen Schlaf fiel.

Um Mitternacht schlich Seth in das Zimmer und stürzte sich auf seinen Neffen. Er hatte gehofft den Knaben im Schlaf ermorden zu können, aber Horus erwachte mit einem Schrei. Ein heftiger Kampf entbrannte, wobei die beiden auf den Boden stürzten und miteinander rangen. Seth klammerte sich an das Gesicht seines Neffen und zielte auf dessen magisches Auge. Horus trat

um sich und wand sich verzweifelt, aber Seth ließ nicht locker. »Mal sehen, wie stark du ohne dieses Ding bist«, keuchte er und riss das Auge heraus.

Horus schrie auf, brach zusammen und kroch in eine Ecke des Raums. Dort lag er zusammengekauert und schlug die Hände vor seine blutende Augenhöhle. Mit einem Triumphgeheul sprang Seth auf die Füße, warf das Auge zu Boden und zertrampelte es.

Das Auge war so hell gewesen, dass in dem Moment, in dem es zerstört wurde, die tiefste Dunkelheit hereinbrach, die die Menschen je erlebt hatten. Der Gott Thot bemerkte diese Finsternis und wusste sofort, was geschehen war. Er jagte zum Palast und kam gerade in der Sekunde, in der Seth sich bereit machte seinem geschlagenen Neffen den Todesstoß zu verpassen.

»NEIN!« Der König wand sich unter dem schrecklichen Blick des Gottes.

Thot hob die Reste des Auges vom Boden auf, setzte es wieder zusammen und schob es in Horus' Augenhöhle zurück. Als der Jüngling sich aufrichtete, verlor die Finsternis ihre Schwärze. Thot benutzte seine große Macht, um die Wunden beider Männer zu heilen. »Kämpft nicht länger miteinander«, befahl er. »Ein Gericht der Götter wird zusammentreten und entscheiden, wer von euch von nun an über Ägypten herrschen soll.«

Keiner der beiden Rivalen war glücklich über diese Entscheidung, aber niemand wagte Thot zu widersprechen. Horus verließ den Palast und kehrte in die Sümpfe zurück. Seth blieb in seinem Thronsaal sitzen und grübelte darüber nach, ob er nach dem Gerichtsurteil der Götter immer noch hier sein würde. Er hasste die Vorstellung wieder einmal in die Wüste verbannt zu werden. Er schwor sich, dass er das niemals zulassen würde. »Thot hin oder her«, grollte er, aber er hütete sich, dies allzu laut auszusprechen.

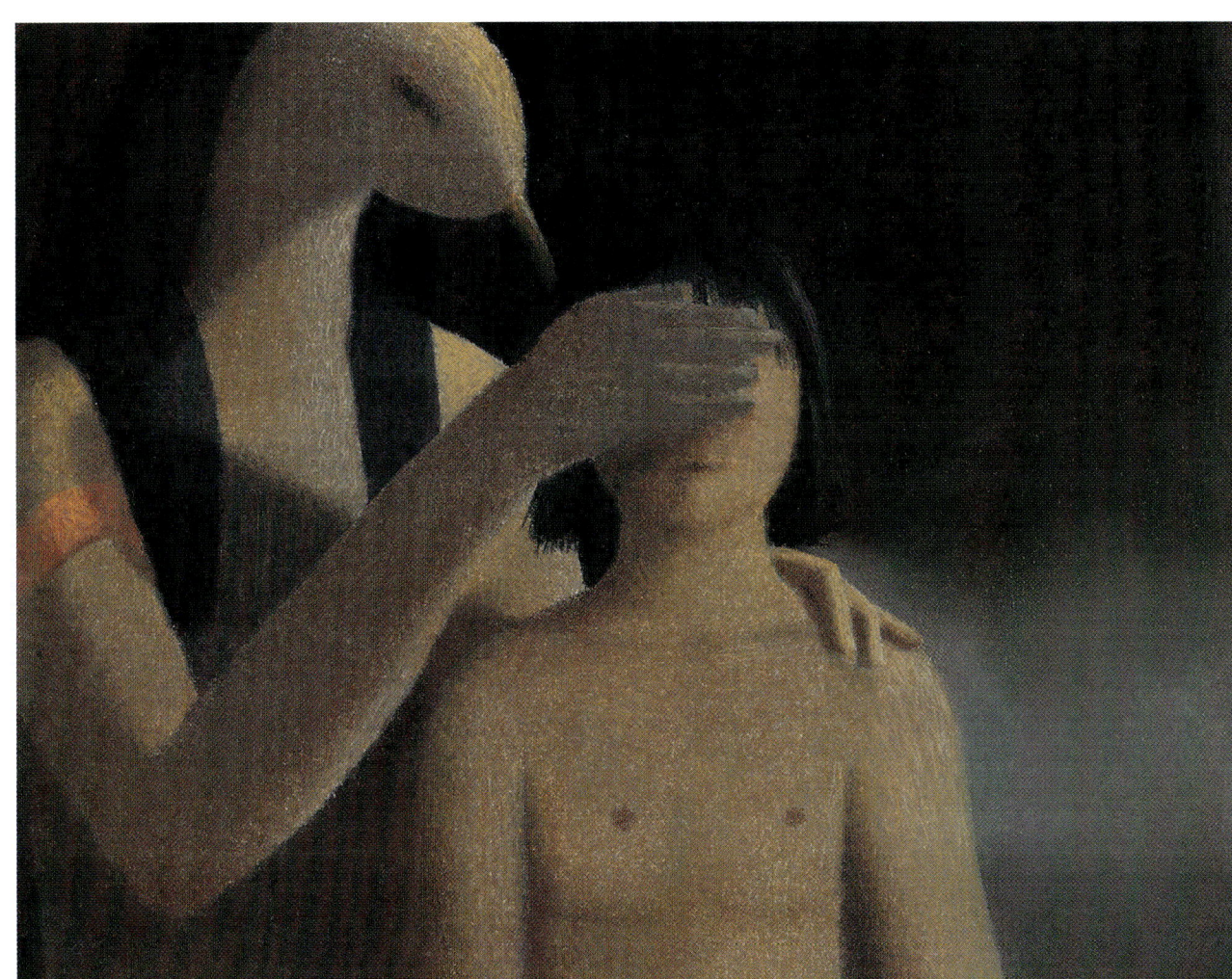

DIE RACHE DES HORUS

Wie Horus für Osiris' Tod Vergeltung übt

Horus lächelte grimmig, als er sich Heliopolis näherte, wo das Gericht der Götter stattfinden sollte. Rache ist süß, dachte der Junge und war überzeugt, dass die Götter auf seiner Seite standen. Der Moment, auf den er und Isis so lange gewartet hatten, war nahe. Geb, der Erdgott, war der oberste Richter, doch alle anderen Götter und Göttinnen Ägyptens waren ebenfalls gekommen. Seth und Horus wurden hereingeführt.

Isis war die erste Zeugin. Sie erzählte dem Gericht, wie sie den Körper ihres ermordeten Gatten Osiris gefunden hatte und wie er von Seth in Stücke gehackt und in den Fluss geworfen worden war. Sie berichtete, dass Seth Osiris den Thron von Ägypten gewaltsam entrissen hatte und dass Osiris' Sohn der rechtmäßige König war.

»Die Gerechtigkeit verlangt es, dass Horus König von Ägypten wird.«

Viele der Götter waren derselben Meinung, aber Seth sagte: »Ich bin stärker als Horus. Ich kann Ägypten viel besser verteidigen als er. Wenn ihr mir nicht glaubt, lasst Horus mit mir nach draußen gehen. Dort werden wir kämpfen und ich werde meine Stärke beweisen. Wenn er gewinnt, gebe ich meinen Anspruch auf den Thron auf.«

Thot schüttelte den Kopf. »Es ist nicht nötig, dass Horus mit dir kämpft, Seth. Die Krone steht ihm rechtmäßig zu.«

Einige Götter und Göttinnen stimmten Thot zu, aber andere waren sich nicht so sicher. Ein paar von ihnen waren der Meinung, dass Seth der bessere Herrscher wäre, denn er war älter und stärker. Wieder andere schlugen vor, dass Seth den Süden des Landes regieren sollte und Horus den Norden. Die Diskussion drehte sich im Kreis. Die Stunden vergingen. Bald zeigte sich, dass die Götter mehr Zeit brauchten, um sich zu entscheiden, und so vertagte Geb den Prozess.

»Das Gericht wird bald wieder zusammentreten«, versprach er.

Seth ahnte, dass Horus der Sieg schon fast sicher war. »Das ist nicht fair«, protestierte er. »Horus hat Isis auf seiner Seite und jeder weiß, dass sie eine mächtige Zauberin ist. Ich habe niemand dergleichen, der für mich spricht. Ich werde nicht mehr zu diesem Gericht zurückkehren, wenn Isis auch kommt.«

Die Götter berieten kurz darüber und entschieden, dass Seth Recht hatte und schlossen Isis von allen zukünftigen Verhandlungen aus. Um sicher zu sein, dass sie nicht auftauchen würde, beschlossen sie sich beim nächsten Mal auf einer Insel im Fluss zu treffen.

Als der Tag gekommen war, setzte jeder mit einer Fähre auf die Insel über. Dem Fährmann war eingeschärft worden Isis den Zutritt zur Insel zu verweigern, aber sie sprach einen Zauber aus und verwandelte sich in eine verkrüppelte alte Frau. In dieser Gestalt näherte sie sich ihm.

»Mein Enkel hütet die Rinder auf jener Insel«, krächzte sie. »Und ich habe ihm einen Korb mit Essen gepackt. Willst du mich nicht übersetzen?«

Der Fährmann schüttelte den Kopf. »Am heutigen Tage befördere ich keine Frau, denn jede könnte Isis sein, die sich verkleidet hat.«

Isis schnaubte. »Sehe ich vielleicht wie eine große Zauberin aus? Ich in meinen Lumpen und mit meinen verdrehten Beinen? Komm schon, setz mich über und ich gebe dir den frisch gebackenen Kuchen, den ich hier im Korb habe.«

Jetzt war es der Fährmann, der verächtlich schnaubte. »Glaubst du denn wirklich, dass ich den Zorn der Götter für deinen läppischen Kuchen riskieren würde? Du machst wohl Witze!«

Isis schaute ihn an. »Wie wäre es dann mit einem schönen Ring? Echtes Gold.«

Die Augen des Fährmanns glitzerten gierig. »Zeig ihn mir.«

Isis streckte ihre faltige Hand aus. Am kleinen Finger steckte ein dicker, goldener Ring.

Der Mann leckte sich über die Lippen. »Den bekomme ich, wenn ich dich auf die Insel bringe?«

Isis nickte.

»Keine Tricks? Sonst muss ich nichts dafür tun?«

»Sonst nichts.«

»Und du bist wirklich nicht Isis?«

»Was glaubst du denn!«

Isis zog den Ring von ihrem Finger und ließ ihn in die offene Hand des Fährmanns fallen. Er steckte ihn ein und brachte die alte Frau sicher hinüber.

Sobald sie am anderen Ufer war, sagte die Zauberin einen anderen Spruch, der sie in ein wunderhübsches junges Mädchen verwandelte. Seth war gerade zum Gericht unterwegs, als er die liebliche junge Frau erblickte, die in die gleiche Richtung ging. Er hielt an und wartete auf sie. Als sie neben ihm stand, lächelte er und sagte: »Du bist wunderschön. Warum suchen wir beide uns nicht ein schattiges Fleckchen und lernen uns ein bisschen näher kennen?«

Sie setzten sich unter einen Baum und Isis brach unvermittelt in Tränen aus.

»Was ist denn los?«, fragte Seth.

Isis schüttelte ihren Kopf. »Ich bin in furchtbaren Schwierigkeiten.«

»Erzähl mir davon«, sagte Seth tröstend. »Vielleicht kann ich dir helfen.«

»Nun«, schniefte Isis. »Die Sache ist die: Mein Gemahl ist vor kurzem gestorben und ließ mich mit meinem starken Sohn und einer Viehherde allein zurück. Wir hätten gut zurechtkommen können, denn wir hatten ein schönes

Haus und mein Sohn hätte sich um das Vieh kümmern können, doch dann kam ein grausamer Mann daher. Er wusste, dass mein Ehemann tot war, daher warf er uns aus unserem Haus und drohte damit meinem Sohn ein Leid anzutun, wenn er irgendetwas gegen ihn unternehmen würde. Er hat uns alles weggenommen, was wir hatten, und jetzt sind wir völlig mittellos. Oh, lieber Herr ...« Unter Tränen blickte sie Seth in die Augen. »Du bist offensichtlich ein wichtiger Mann. Glaubst du, du könntest ...?«

»Natürlich!« Seth sprang auf die Füße. »Zeig mir diesen Kerl. Diesen Schuft! Ich werde ihn lehren dich so grausam zu behandeln und deinen Sohn seines rechtmäßigen Erbes zu berauben. Ich werde ihn aus deinem Haus verjagen und ihn mit Fußtritten durch halb Ägypten treiben. Wie kann er es nur wagen ehrbare Leute in den Ruin zu treiben?«

Während Seth wütete, verwandelte sich Isis in einen Vogel und flog hinauf in den Baum.

»Du bist es!«, kreischte sie. »Du bist der Mann. Du hast mich völlig mittellos zurückgelassen und meinem Sohn sein rechtmäßiges Erbe gestohlen. Warum jagst du dich nicht selbst mit Fußtritten durch ganz Ägypten?«

Einige Götter und Göttinnen, die sich um den Baum versammelt hatten, um zu sehen, was der Lärm bedeutete, brachen in Gelächter aus.

»Es ist einfach nicht fair!«, schrie Seth wütend. »Sie hat mich hereingelegt, dabei dürfte sie nicht einmal hier sein!« Alle lachten nur noch lauter. »Ihr habt es versprochen!« Sie lachten immer noch. »Dann bestraft wenigstens diesen verfluchten Fährmann. Es ist allein seine Schuld.«

Die Götter stimmten zu. Der gierige Fährmann wurde verhaftet und ihm wurden alle Zehen abgeschnitten. Es tat sehr weh und danach passten seine Füße in keine Schuhe mehr. Er wünschte sich, dass er niemals einen Blick auf jenen goldenen Ring geworfen hätte.

Als das Gericht schließlich wieder zusammentrat, waren die meisten Götter und Göttinnen dafür Horus die Krone zuzusprechen. Seth zitterte vor Zorn.

»Wenn ihr ihm die Krone gebt, werde ich sie ihm wieder vom Kopf reißen!«, schrie er. »Ich werde ihn in den Nil werfen, wie seinen Vater vor ihm. Lasst uns kämpfen, damit ihr sehen könnt, wer Ägypten am besten regiert.«

»Sehr gut«, erwiderte Horus. »Lasst uns miteinander kämpfen.«

Sie gingen hinunter zum Fluss. Dort verwandelte sich Seth in ein riesiges Nilpferd und sprang mit einem Satz ins Wasser. Horus bestieg ein Boot. Isis begleitete ihn. Als das Nilpferd auftauchte und versuchte das Boot zum Kentern zu bringen, stach Horus mit einer Lanze aus Kupfer auf das Tier ein und verwundete es. Das Nilpferd zog sich zunächst zurück und griff dann wieder an. Wenn es Seth gelänge Horus ins Wasser zu werfen, wäre der Knabe auf Gedeih und Verderb seinen tödlichen Stoßzähnen ausgeliefert. Wieder stieß Horus zu und wieder fand die Lanze ihr Ziel. Das Wasser färbte sich rot, während Seth versuchte sich von dem kupfernen Widerhaken zu befreien. Siebenmal traf Horus das Nilpferd, doch Seth griff unvermindert an.

Horus erkannte, dass es nur eine Möglichkeit gab seinen Gegner zu bezwingen. Er warf sich selbst in das Wasser und verwandelte sich ebenfalls in ein Nilpferd. Sie brachten sich gegenseitig viele Wunden bei, aber keiner wollte nachgeben. Also veränderten sie wieder und wieder ihre Gestalt, kämpften als wilde Stiere miteinander, dann als Löwen und dann als Krokodile. Achtzig Jahre vergingen so und der Kampf dauerte immer noch an. Achtzig Jahre sind zwar keine lange Zeit für die Götter, denn sie leben ewig, aber trotzdem wurde es langweilig, weil keiner der Kämpfenden die Oberhand gewinnen konnte. Schließlich verließ Ra die Felder des Friedens und kam höchstpersönlich zum Gericht, um der Sache ein Ende zu bereiten.

»Seth«, sagte er, »Osiris war ein unschuldiger Mann und du hast ihn ermordet. Deswegen befindet sich Horus im Recht und du im Unrecht. Horus soll von nun an über Ägypten herrschen.« Er blickte Seth an. »Du«, sagte er, »wirst mit mir kommen und ab jetzt im Himmel leben. Ich ernenne dich zum Gott der Stürme, damit die Menschen dich auf ewig fürchten sollen.« Ra wusste, wie gerne Seth Angst und Schrecken verbreitete.

Und so wurde Horus König von Ägypten, wie sein Vater vor ihm, und mit Isis an seiner Seite regierte er gut und gerecht. Friede und Wohlstand legten sich wärmend über das Land. Alle sagten, dass es ganz so wie zu Osiris' Zeiten wäre, was nicht überraschend war, denn beide Könige hatten die gleiche Ratgeberin. Alle waren zufrieden. Nein – nicht alle. Seth war von der Entscheidung alles andere als begeistert, aber er wagte es nicht sich gegen Ra aufzulehnen. Er wurde der Gott der Stürme und grummelte vor Ärger. Sein Grummeln war überall als Donner zu hören, der vom Himmel auf das Land herabrollte, das er gestohlen und wieder verloren hatte.

DER PRINZ UND DIE GEISTER

Das magische Buch des Thot

Die Götter sehen es nicht gerne, wenn die Menschen nach gottgleicher Macht streben, und Thot, der große Zeitenbestimmer, machte da keine Ausnahme. Thot besaß jede Menge geheimen Wissens, das für die Zauberei grundlegend wichtig war, und sterbliche Zauberer suchten immer nach Mitteln und Wegen ihm dieses Wissen abzujagen.

Einmal erfuhr ein Prinz namens Setna Khaemwese, der sich selbst für einen Magier hielt, von einem Zauberbuch, das von Thot verfasst worden war und das nun tief in einem alten Grab in der Nähe von Memphis verborgen lag. Er beschloss dorthin zu gehen und es zu stehlen. Grabräuberei war ein Verbrechen, das mit dem Tode bestraft wurde, und er wusste, dass er ein großes Risiko einging.

Er fuhr nach Memphis, erfuhr durch diskrete Nachforschungen, wo sich das Grab befand und näherte sich vorsichtig dem Ort, wobei er ständig nach Wachen Ausschau hielt. Aber niemand schien sich um das Grab zu kümmern. Wie seltsam, dachte er, wo hier doch ein wertvolles Buch versteckt liegt, für das viele Menschen töten würden.

Vor dem Eingang des Grabes machte er Halt, blickte sich nach allen Seiten um, um sicherzugehen, dass ihn niemand beobachtete und schlüpfte hinein. Drinnen war es kalt und dunkel und er stolperte über viele Gegenstände, die auf dem Boden verstreut lagen. Der Ort machte einen verwunschenen Eindruck und der Prinz fürchtete sich. Er zündete eine kleine Lampe an, die er mitgebracht hatte, und begann nach dem Buch zu suchen. Dabei versuchte er nicht an Gespenster zu denken. Gerade hatte er das Buch entdeckt und wollte es schon greifen, als eine Armee Grauen erregender Geister aus dem Nichts vor ihm auftauchte.

»Bevor du dieses Buch berührst«, stöhnte ein besonders schreckliches Gespenst, »schau uns gut an. Jeder von uns war einst ein lebendiger Mann, genauso wie du. Wir wollten große Zauberer sein und so schlossen wir uns zusammen und stahlen das Buch aus einer Truhe auf dem Grund des Nils.«

»Und … was passierte dann?«, krächzte der Prinz angstvoll.

»Dann hat Thot uns alle getötet«, seufzte die Erscheinung. »Er weiß alles. Immer und zu jeder Zeit. Und jetzt ist es unser elendes Schicksal bis in alle Ewigkeit in diesem kalten, dunklen Grab zu spuken und das Buch zu bewachen. Wir können nicht zulassen, dass du es mitnimmst.«

Der Prinz hatte sich mit einigen Amuletten bewaffnet, deren Zauber gegen Gespenster wirkte. Er zog sie hervor und hielt sie im Licht der Lampe hoch.

Die Geister seufzten, wirbelten durcheinander, fielen zurück und verschmolzen mit den dunklen Ecken des Grabes.

Der junge Mann ergriff das Buch und begann langsam rückwärts zu gehen. Dabei achtete er darauf, dass sich die Amulette immer zwischen ihm und den Gespenstern befanden. Sogar unter ihrem Schutz war er starr vor Angst und er schluchzte vor Erleichterung auf, als er die Eingangstür in seinem Rücken spürte. Draußen erholte er sich schnell, steckte sich das Buch unter den Arm und machte sich auf den Heimweg. Er war sehr zufrieden mit sich.

Er war noch nicht weit gekommen, da sah er, wie sich ihm eine wunderschöne junge Frau näherte. Ihre Augen waren dunkel und verführerisch, ihre Lippen erinnerten ihn an süßes Beerenmus und im Mondlicht schimmerte ihr Haar wie eine Krone. Weil er ein Prinz war, hatte er schon viele schöne Frauen gesehen, aber keine war so makellos gewesen wie diese. Auf der Stelle verliebte er sich in die Schöne.

»Ich würde alles für dich tun«, stöhnte er. »Alles.«

»So gib mir dein ganzes Vermögen«, erwiderte die Liebliche forsch.

»Gerne«, keuchte Setna. Und so geschah es.

»Jetzt lass deine Kinder töten.«

»Ein Leichtes«, murmelte der Prinz und befahl seine Kinder unverzüglich zu ermorden.

»Und jetzt«, hauchte die Schöne, »darfst du mich umarmen.«

Mit gierigen Armen umschlang der Prinz den weichen Körper des Mädchens, doch sobald das Paar zu Boden gesunken war, löste sich die Frau in Luft auf. Setna lag nackt und alleine mitten auf der Straße. Mit einem verzweifelten Schrei sprang er auf.

»Was habe ich getan?«, rief er entsetzt. »Meine Kinder … oh, meine armen Kinder!«

Er rannte den ganzen Weg nach Haus, schluchzte und klagte, doch als er ankam, fand er seine Kinder völlig unversehrt vor. Da begriff er, dass die schöne Frau eine Vision gewesen war, die Thot ihm geschickt hatte, um ihn an seine Macht zu erinnern.

Ohne sich eine Ruhepause zu gönnen eilte der Prinz nach Memphis zurück und legte das Zauberbuch wieder an seinen Platz in dem alten Grab. Von diesem Tag an war er ein weiser Fürst für sein Volk und ein guter Vater für seine Kinder und überließ die Magie den Göttern.

DER ZORNIGE GOTT

Warum die Fluten des Nils versiegten

Während der Regierung von König Djoser gab es ein Jahr, in dem der Nil nicht über seine Ufer trat. Die Felder trockneten aus, kein fruchtbarer Schlamm legte sich über die Wurzeln der Pflanzen und die Ernte fiel mager aus.

Ein weiteres Jahr verging und wieder blieb die Überschwemmung aus. Unter der brennenden Sonne verwandelte sich die Erde zu Staub, den der Wind fortwehte. Die Menschen wurden dünn und müde. Das Vieh war nur noch Haut und Knochen.

Siebenmal ließ der Nil die Ägypter im Stich. Nach sieben Jahren Dürre war kaum noch Vieh übrig und die Ägypter begannen zu verhungern.

König Djoser war verzweifelt. Er schickte nach Imhotep, seinem Architekten, der berühmt war für seine Heilkunst und seine Zauberkräfte.

»Warum tritt der Nil nicht mehr über seine Ufer?«, fragte ihn der König.

Imhotep schüttelte den Kopf. »Ich weiß es nicht, Allmächtiger, aber ich werde versuchen es herauszufinden.«

Er schloss sich ein und wälzte tagelang seine Zauberbücher. Dann trat er wieder vor den König und sagte: »Großmächtiger, es scheint einen Geist namens Hapi zu geben, der in zwei Höhlen unter einer Insel im oberen Nil lebt und von dem man behauptet, dass er der Geist der Fluten sei. Vor sieben Jahren ist etwas Schreckliches dort unten geschehen: Khnum, der Gott mit dem Widderkopf, hat die Höhlen angegriffen und Hapi gefangen genommen. Jetzt hat Khnum die Macht über die Tore zur Höhle. Nur er kann sie öffnen und das Wasser fließen lassen. Er tut es aber nicht. Vielleicht ist er zornig auf uns.«

Als er das hörte, befahl König Djoser seinen Priestern dem Gott Khnum reiche Opfergaben darzubringen. Keine Kosten wurden gescheut. In dieser Nacht erschien Khnum dem König im Traum und versprach Hapi freizulassen. Am nächsten Tag stiegen die Wasser des Nils und der Fluss trat über die Ufer. Die Felder wurden wieder fruchtbar. Grüne Keime schossen durch den Schlamm empor. Imhoteps Klugheit hatte sein Volk gerettet.

DER KÖNIG,
DER ALLES BESASS

Die verlorene Haarspange

König Sneferu von Ägypten hatte alles, was ein Mensch sich nur wünschen konnte, und doch starb er fast vor Langeweile. Sein Reichtum langweilte ihn und auch seine Frauen und sein Leben im Palast. Er hatte es satt Befehle zu unterschreiben, Audienzen zu gewähren und in mit Gold überladenen Sänften von einer Prozession zur anderen getragen zu werden. Ihm war so langweilig, dass ihm sogar die Langeweile langweilig wurde.

Eines Tages ließ er seinen weisen Berater kommen, dessen Name Djadja-em-ankh war. »Mir ist so langweilig«, sagte er, »und du bist so klug. Denk dir etwas aus, was mich amüsieren und unterhalten kann, oder ich werde noch verrückt.«

Djadja-em-ankh überlegte einen Moment. »Was du brauchst«, sagte er, »ist ein bisschen frische Luft und Bewegung.«

»Langweilig!«, knurrte der König.

Der weise Mann schüttelte seinen Kopf. »Nicht wenn wir zum See hinuntergehen«, sagte er.

Zum Palast gehörte ein eigener, wunderschöner See, der von Bäumen und Wiesen gesäumt war und an dessen Ufer sich alle möglichen wilden Vögel tummelten. Sneferu wollte schon wieder

»langweilig« sagen, doch sein Berater fuhr fort: »Oh Mächtiger, du könntest am Ufer des Sees sitzen und ich könnte dafür sorgen, dass sich die hübschesten Mädchen von ganz Ägypten in ein Boot setzen und vor deinen Augen auf und ab rudern – fast unbekleidet.«

»Ja!«, rief er. »Und ich könnte mir eine aussuchen, die mir heute Abend in meiner Kammer Gesellschaft leistet.«

Der König fühlte sich schon deutlich besser und schickte nach seinen Gewändern. In der Zwischenzeit eilte Djadja-em-ankh zum Harem, um die Mädchen auszusuchen. Er wählte zwanzig der jüngsten und anziehendsten und befahl ihnen als Kleidung nur mit Perlen besetzte Netze zu tragen. Im königlichen Bootshaus fand er eine schöne Barke und ließ ihre Ruder mit Blattgold verzieren.

Während all diese Vorbereitungen im Gange waren, ließ sich der König von Sklaven ankleiden, sich auf eine Sänfte setzen und hinunter zum See tragen. Wahrscheinlich hätte ihm ein Spaziergang gut getan, aber Könige gehen nicht zu Fuß. Nahe dem Wasser hatten die Sklaven einen bequemen Sessel für ihren Herrn bereit gestellt. Sie halfen Sneferu von der Sänfte in den Sessel, wo er sich hinsetzte, tief Atem holte und erwartungsvoll auf den See schaute. Unverzüglich erschien das Boot. Es glitt leicht über die kühle, helle Ober-

fläche des Wassers und seine Ruder glänzten in der Sonne. Der kluge Berater trat neben den König und beugte sich zu ihm herab. »Nun, Allmächtiger, was hältst du davon?«

Des Königs Augen folgten der Barke, die langsam an ihm vorbeizog.

»Entzückend«, hauchte er. »Wunderschön. Sag ihnen, dass sie das nächste Mal etwas näher ans Ufer fahren sollen. Sie sind ein bisschen weit draußen.«

Djadja-em-ankh gab den Befehl des Königs weiter und das Boot drehte um. Dieses Mal streiften die Ruderblätter das Schilfrohr am Seeufer.

»Vollkommen«, seufzte der König.

Während das Boot hin und her fuhr, fiel dem König auf, dass eines der Mädchen ständig an ihrer mit Türkisen besetzten Haarspange herumfummelte, die ihre Haare zusammenhielt. Sie war noch hübscher als ihre Gefährtinnen und Sneferu wollte gerade seinem weisen Berater mitteilen, dass er sie zu seiner heutigen Gefährtin erwählt hätte, als die Spange, mit der sie gespielt hatte, aus ihren Fingern ins Wasser fiel.

Sofort hörte das Mädchen auf zu rudern und das Boot wurde langsamer.

»Was ist los?«, wollte Sneferu wissen. »Warum halten sie an?«

Djadja-em-ankh lehnte sich nach vorn. »Das Mädchen hat ihre Haarspange ins Wasser fallen lassen, Allmächtiger.«

»Oh – sag ihr, ich schenke ihr eine neue«, winkte der König ab, »eine schönere. Aber sieh zu, dass die Barke weiterfährt.«

Der kluge Mann gab die Nachricht des Königs an das Mädchen weiter, aber die schüttelte nur ihren Kopf.

»Ich will keine andere Spange«, protestierte sie. »Ich will meine.«

»Was ist los?«, fragte der König.

»Ähm … das Mädchen will ihre eigene Spange wiederhaben, o Allmächtiger«, sagte Djadja-em-ankh.

»Nun«, sagte der Allmächtige und wedelte ungeduldig mit der Hand. »Die ganze Sache war deine Idee. Jetzt sieh zu, wie du sie erledigst. Aber beeile dich gefälligst.«

Glücklicherweise war der Weise auch ein Magier. Er flüsterte einen Zauberspruch und etwas ganz Außergewöhnliches geschah: Das Wasser des

Sees teilte sich, türmte sich zu einer Wand auf und legte sein schlammiges Bett
– und die Haarspange – frei.

»Du meine Güte!«, rief er atemlos. »Wenn man bedenkt, dass ich heute
Morgen vor Langeweile fast gestorben wäre.«

Schnell trat Djadja-em-ankh in den Schlamm, nahm die Spange auf und gab
sie ihrer Besitzerin zurück. Dann stieg er wieder ans Ufer empor und sagte einen
anderen Zauberspruch. Sofort brach die Wasserwand zusammen und die Fluten
bedeckten wieder den ganzen See. Kleine Wellen kräuselten sich auf den König
zu und gurgelten zwischen den Schilfrohren. Der König jubelte vor Freude.

Nach wenigen Minuten hatte sich die Oberfläche des Sees wieder geglättet.
Die Mädchen legten sich erneut in die Ruder. Die Barke glitt durch das Wasser.
Mit einem Seufzer lehnte sich der König in seinen Sessel zurück. Heute Abend
würde es ein Festmahl geben. Ein Festmahl, zusammen mit dem Mädchen mit
der türkisfarbenen Haarspange.

VERRÄTERISCHE EHEWEIBER

Ein treuer Bruder

Bei den Bauern, die die fruchtbare Erde am Ufer des Nils bearbeiteten, lebten zwei Brüder, Bata und Anpu. Anpu gehörte der Hof, denn er war der Ältere, aber Bata war darüber nicht verärgert. Er war ein freundlicher und gutmütiger Mann, der Anpu gerne bei der Arbeit half. Bata war sehr stark und er verstand die Sprache der Tiere. Er schlief in der Scheune, damit Anpu und seine Frau das Schlafzimmer für sich hatten, und er erledigte die schwere Arbeit auf dem Hof.

Eines Tages, als die Brüder auf den Feldern waren und das Korn aussäten, gingen ihnen die Samen aus. Anpu wandte sich zu seinem Bruder.

»Geh zurück und hole noch mehr Saatgut«, befahl er.

Der Tag war sehr heiß und er hatte keine Lust die Säcke mit Samen selbst zu schleppen.

»Also gut«, sagte Bata, der sich niemals beklagte. »Ich werde bald zurück sein.«

Als er den Hof erreichte, sah er die Frau seines Bruders auf dem Boden sitzen und ihr Haar zu einem Zopf flechten.

»Geh in die Vorratskammer«, sagte er zu ihr, »und hole mir Saatgut.«

79

»Kannst du nicht sehen, dass ich beschäftigt bin«, fauchte ihn die Frau an. »Geh und hol es dir selbst.«

Bata zuckte mit den Schultern und ging um das Haus herum zur Vorratskammer. Nach wenigen Augenblicken war er wieder da und trug drei Säcke Weizen und zwei Säcke Gerste auf seinen Schultern. Anpus Frau schaute ihn an und bewunderte seine Muskeln.

»Willst du nicht die Säcke hinstellen und dich ein bisschen zu mir setzen?«, fragte sie ihn lächelnd. »Wir könnten ein bisschen reden und uns küssen und … na, du weißt schon.«

Bata sah sie verblüfft an. »Aber du bist die Frau meines Bruders«, knurrte er. »Ich würde nicht im Traum daran denken dich zu küssen oder … na, du weißt schon. Es wäre nicht richtig.«

»Dann nimm eben deine dämlichen Säcke und geh mir aus den Augen. Von mir aus kannst du dir einen Sonnenstich holen«, schmollte die Frau.

Als Bata gegangen war, bekam es die Frau mit der Angst zu tun. Was, wenn Bata seinem Bruder von ihren Annäherungsversuchen erzählte? Sie nahm etwas schwarze Schmiere aus einer Lampe und rieb sich die Haut damit ein, sodass es aussah, als sei sie geschlagen worden. Sie zerzauste sich das Haar und zerriss ihr Kleid. Dann legte sie sich auf das Bett und stöhnte.

Als Anpu bei Sonnenuntergang nach Hause kam, sagte sie: »Bata hat mich angegriffen. Er hat versucht mich zu küssen und anzufassen, aber ich sagte nein, und da schlug er mich.«

Anpu war rasend vor Zorn. Er packte seinen Speer und stellte sich hinter die Tür.

Bata trieb die Herde von der Weide nach Hause. Anpu wollte seinen Bruder aufspießen, sobald dieser durch die Tür trat, aber eine der Kühe sagte zu Bata: »Bata, dein Bruder wartet hinter der Haustür auf dich, um dich umzubringen. Seine Frau hat ihm erzählt, dass du sie geschlagen hättest.« Bata ergriff die Flucht, doch Anpu war ihm dicht auf den Fersen.

Während er rannte, betete Bata zu dem mächtigen Sonnengott Ra. »Ich bin unschuldig«, rief er. »Bewahre mich vor dem Zorn meines Bruders.«

Ra, für den nichts unmöglich war, ließ die Erde aufbrechen und einen Fluss zwischen den beiden Brüdern entspringen. Im Fluss schwammen Krokodile. Anpu hielt inne und schleuderte seinem Bruder wütende Blicke über das Wasser hinweg zu. Bata hielt auch an und rief über den Fluss: »Deine Frau hat dich angelogen. Sie war diejenige, die mich küssen wollte, und ich habe sie abgewiesen. Sie war wütend, daher hat sie sich diese Geschichte ausgedacht und behauptet, ich hätte sie angegriffen. Ich schwöre, dass ich sie nie angerührt habe.«

Anpu schüttelte den Kopf. »Du lügst, Bruder. Meine Frau würde sich niemals so etwas ausdenken.«

»Wenn ich schuldig wäre«, antwortete Bata, »warum sollte Ra mir dann diesen Fluss zu meiner Rettung schicken?«

Anpu überlegte einen Moment lang. Er wusste, dass Ra sich nicht einmischen würde, um einen schuldigen Mann zu beschützen. Demnach musste sein Bruder die Wahrheit sagen.

»Also gut«, sagte er. »Ich glaube dir. Komm mit nach Hause.«

»Nein«, sagte Bata und schüttelte den Kopf. »Nichts wäre mehr so wie früher. Ich werde mir einen eigenen Platz zum Leben suchen.« Er drehte sich um und ging davon.

Anpu war wütend und traurig zugleich. Er nahm seinen Speer, ging zu seinem Hof zurück und erstach seine Frau.

Bata wanderte viele Tage lang, bis er zum Tal der Pinien im Lande Syrien kam. Sein Herz schmerzte unsagbar, weil er seinen Bruder und all seine Freunde vermisste, daher riss er es sich heraus und versteckte es in den Zweigen einer großen Pinie. Dann machte er sich daran ein Haus zu bauen. Er pflügte die Erde und ging auf die Jagd, um sich zu ernähren, aber er fühlte sich sehr allein. Ra hatte Mitleid mit seiner Einsamkeit und bat den Gott Khnum, ihm eine Frau zu erschaffen. Khnum tat, um was Ra ihn gebeten hatte, und erschuf eine der schönsten Frauen

auf der ganzen Welt. Ihr Name war Bintnefer und Bata hatte sie so lieb, dass er nichts so sehr fürchtete wie die Möglichkeit, dass ihr ein Leid zustoßen könnte.

»Bintnefer«, sagte er zu ihr, »du bedeutest mir mehr als alles andere. Deshalb musst du mir versprechen, dass du niemals zu nahe ans Meer gehst, denn eine Welle könnte dich erfassen und mit sich reißen.«

»Ich bin kein Kind mehr«, wies ihn Bintnefer zurecht. »Ich kann auf mich selbst aufpassen.«

»Du bist zwar kein Kind, aber du bist meine Frau«, entgegnete Bata, »und eine Frau hat die Pflicht ihrem Mann zu gehorchen. Wenn du mir nicht dein Wort gibst, werde ich dich im Haus einschließen, wenn ich nicht da bin.«

»Also gut«, schmollte Bintnefer, »ich verspreche es.« Aber sie hatte nicht die Absicht ihr Wort zu halten.

Eines Tages, nicht lange danach, spazierte sie absichtlich ganz nahe am Wasser entlang und prompt rollte eine große Welle über den Sand, die ihr eine Strähne ihres wundervollen Haares ausriss und sie mit hinaus auf die offene See nahm.

Kurze Zeit später wurde die Haarsträhne an die Ufer Ägyptens geschwemmt, genau dort, wo die Diener des Pharao die Wäsche im Meer wuschen. Sie nahmen die Locke mit und zeigten sie dem König, der von ihrer Schönheit und ihrem Duft beeindruckt war. Er sandte Boten in jedes bekannte Land aus, um den Besitzer des Haares ausfindig zu machen.

»Wenn ihr die Person gefunden habt«, befahl er, »bringt ihr sie sofort zu mir.«

Die Diener des Pharao reisten von einem Land zum nächsten, bis sie die schöne Bintnefer gefunden hatten.

Unverzüglich schickte der Pharao einen Trupp Soldaten nach Syrien. Sie wurden von einer alten Frau begleitet, die einen Sack mit wunderschönen Juwelen bei sich trug. Die Soldaten marschierten in das Tal der Pinien ein und lenkten Bata ab, während die alte Frau Bintnefer den Inhalt ihres Beutels zeigte.

»Komm mit mir nach Ägypten«, schmeichelte sie, »und all das gehört dir.«

Bintnefer war keine besonders gute Ehefrau und die Juwelen führten sie in Versuchung. Sie erzählte der alten Frau, wo das Herz ihres Mannes versteckt war. Die Soldaten hackten die Pinie nieder und Bata fiel tot zu Boden. Im Triumphmarsch kehrten die Soldaten nach Ägypten zurück und Bintnefer wurde die Hauptfrau des Pharaos und damit Königin von Ägypten.

In der Zwischenzeit hatte Anpu, der seinen Bruder schmerzlich vermisste, dessen Spur bis ins Tal der Pinien verfolgt. Er fand den abgeschlagenen Baum und den Leichnam seines Bruders. Er suchte solange, bis er das vertrocknete Herz seines Bruders gefunden hatte und legte es in eine Schale mit Wasser. Da stand auf einmal ein prächtiger Bulle vor ihm.

»Ich bin dein Bruder Bata«, sprach der Bulle. »Bring mich nach Ägypten und mach mich dem Pharao zum Geschenk.«

Anpu tat, worum ihn sein Bruder gebeten hatte. Der Pharao freute sich sehr über den königlichen Bullen und befahl ihn im Palast zu halten und ihm die beste Fürsorge angedeihen zu lassen.

Eines Tages gelang es dem Bullen sich Bintnefer zu nähern, die alleine durch den Garten spazierte.

»Kennst du mich nicht mehr, Bintnefer?«, fragte der Bulle.

Die Königin warf einen hochmütigen Blick auf das Tier.

»Ich bin die Königin von Ägypten«, sagte sie. »Ich kenne keine Tiere.«

»Dann gestatte mir mich vorzustellen«, erwiderte der Bulle. »Ich bin Bata, dein Ehegatte, den du betrogen hast.«

Das nächste Mal, als der Pharao mit seiner Königin speiste, wartete sie, bis er betrunken war und bat ihn dann ihr einen Wunsch zu erfüllen. Er stimmte zu und sie verlangte die Leber des Bullen zu essen. Der Bulle wurde geschlachtet und Bintnefer verspeiste seine Leber.

Als der Bulle starb, fielen zwei Tropfen seines Blutes neben das Palasttor und daraus erwuchsen zwei wunderschöne Bäume. Die Königin aber ließ sie sofort fällen. Während die Holzfäller mit Äxten auf die beiden Stämme einschlugen, flog ein Splitter in Bintnefers Mund. Sie verschluckte ihn und sofort fing ein Kind in ihrem Leib an zu wachsen. Nach einer entsprechenden Zeit schenkte die Königin einem Sohn das Leben, und als der Pharao einige Zeit später starb, wurde dieses Kind zum König gekrönt. Er bestieg den goldenen Thron des Pharaos und ließ seine Mutter zu sich rufen.

»Mutter«, sagte er, als sie vor ihm niederkniete. »Ich bin Bata, der Ehemann, den du dreimal betrogen hast: als Mann, als Bulle und als Baum. Heute hat die Gerechtigkeit dich eingeholt und heute wirst du sterben.«

All ihr Betteln und Klagen halfen ihr nichts. Die treulose Königin wurde fortgeschleppt und hingerichtet. Bata schickte nach seinem Bruder Anpu und machte aus ihm ein Mitglied der königlichen Familie.

DIE HIMMELSBARKE

Eine gefürchtete Reise

Eines Tages, als Bata gestorben war und Anpu als Ägyptens neuer Pharao gefeiert wurde, brach der Geist seines Bruders, das Ka, zu einer Reise auf, vor der sich jeder Mensch fürchtete. Es war eine Reise, die jeder Ägypter nach seinem Tod antreten musste, wenn er das ewige Leben bei den Göttern auf den Feldern des Friedens erreichen wollte.

Die Reise begann in den dunklen Gewässern jenes Abgrunds, den man Tuat nannte und wo sich die Pforte zur Unterwelt befand. Die Fluten des himmlischen Nils donnerten mit Urgewalt in diesen Abgrund und am Ende jedes Tages wurde Ras Sonnenboot über den Rand des Wasserfalls in die Tiefe des schäumenden Strudels gerissen. Ra befand sich nicht mehr an Bord, denn er stieg jedesmal aus, bevor das Gefährt über den Rand kippte, und betrat die Felder des Friedens. Doch ein Teil seines Geistes blieb zurück, um den Geistern der Verstorbenen zu helfen.

Und so fand sich Bata im schwarzen, strudelnden und reißenden Wasser wieder, das ihn hin und her warf und ihn zu ertränken drohte. Er konnte nichts sehen, aber er wusste, dass er nicht allein war. Um ihn herum kämpften andere Seelen denselben Kampf wie er, während unter der wirbelnden Wasseroberfläche riesige Krokodile lauerten, die sich von den Geistern der schlechten Menschen ernährten. Sie schnappten nach ihnen, packten sie und zogen sie unter Wasser, bevor sie in Ras Barke klettern konnten.

Bata schien es Ewigkeiten zu dauern, bis die Barke ankam, doch schließlich war sie da. Sie tanzte in den wirbelnden Wellen wild auf und ab. Bata warf sich ihr entgegen und zog sich mit letzter Kraft hinein. Als er schwer atmend wie ein Fisch im Boot lag, kam ihm der Gedanke, dass hier im Tuat alle Menschen gleich waren. Um ihn herum und auf ihm lagen Bauern, Diener, Männer und Frauen, die alle stöhnten und spuckten und nicht darauf achteten, dass sich der Mann, der gestern noch ihr Herrscher war, unter ihnen befand. Das Einzige, was jetzt noch zählte, war die Art, wie man sein Leben gelebt hatte – wie man mit seinen Mitmenschen umgegangen war, besonders mit den Hilflosen und den Bedürftigen. Nur jene Seelen, die viele gute Taten zu verzeichnen hatten, durften hoffen, das Ende der Reise zu erleben.

Als Bata über diese Dinge nachsann, riss die Strömung das Boot durch ein düsteres Tor in das schreckliche Tal von Amantet. Er wusste, dass Amantet in zwölf Regionen unterteilt war, eine für jede Stunde der Nacht. Er wusste auch, dass jedes Gebiet von starken Türen geschützt wurde, an deren Sockel riesige, dicke Schlangen lagen und darauf warteten ihre abscheulichen Leiber um die unwürdigen Geister zu schlingen. Er wusste, dass diese Unglückseligen zerquetscht und verschlungen und damit für immer ausgelöscht wurden, während ihre würdigeren Gefährten der weit entfernten Dämmerung entgegensegeln durften. Er atmete tief ein, richtete sich auf und machte sich bereit zum Kampf.

Die blutige Fahrt durch die ersten fünf Regionen Amantets waren für Bata mit Schmerz und Angst erfüllt. Die Barke, die jetzt leichter war und vieler ihrer Fahrgäste beraubt, fuhr nun in das sechste und schrecklichste Gebiet, in die Halle des Osiris, des Totenrichters. Bata wusste, dass ihm hier nicht einmal der Schutz des mächtigen Ra helfen konnte, denn dies war das Reich des Gottes der Unterwelt. Hier würde jeder Reisende von zweiundvierzig Göttern befragt

werden. Jedes Herz würde gegen das Gewicht einer Feder gewogen werden. Einige der Reisenden würden in dieser Halle ihre Fahrt beenden.

Auf einem erhöhten Podium am anderen Ende der Halle saß Osiris auf seinem goldenen Thron. Seine Gemahlin Isis stand zu seiner Rechten, seine Schwester Nephthys zu seiner Linken. Vor ihm kniete Anubis, der schakalköpfige Gott, der die Waage hielt, auf der die Herzen gewogen wurden. Thot, der Schreiber der Götter, stand daneben, um das Ergebnis aufzuzeichnen. An den Wänden entlang standen zweiundvierzig Sessel aus Gold und Elfenbein und auf jedem saß ein Gott oder eine Göttin. Zwischen der Waage und dem Thron des Osiris gähnte eine unergründlich tiefe Grube, in der ein Ungeheuer lauerte und darauf wartete jene zu verschlingen, deren Herzen aus Mangel an guten Taten zu leicht waren.

Einer nach dem anderen wurden die verängstigten Reisenden in die Mitte der Halle geführt, um von den Göttern befragt zu werden. Das Schicksal wollte es, dass Bata den Anfang machte. Ein falkenköpfiger Gott blickte ihn an.

»Hast du gemordet?«

»Niemals, Göttlicher.«

Ein weiterer Gott räusperte sich: »Gestohlen – hast du jemals gestohlen?«

»Nein, Göttlicher.«

»Hast du jemals einem Gott den gebührenden Respekt verweigert?«, fragte eine katzenartige Göttin.

Bata schüttelte den Kopf. »Ich habe die Götter stets geehrt, Göttliche.«

»Sehr gut«, rief Osiris laut. »Lasst ihn zur Waagschale vortreten.«

Der zitternde Bata wurde von Horus, dem Sohn des Osiris, vor die göttliche Waage geführt. Dort wurde ihm das Herz aus dem Körper genommen und in eine der Waagschalen gelegt. Wenn es schwerer oder gleich schwer war wie die Feder in der anderen Schale, würde er weiterfahren dürfen. Wenn aber die Schale mit der Feder herabsank, würde man ihn ergreifen und kopfüber in die Grube werfen. Er wusste, dass alle Proteste und alles Betteln um Gnade auf taube Ohren treffen würden. In der Halle des Osiris gab es kein Erbarmen.

Bata war ein weiser und gütiger Pharao gewesen. Sein Herz war schwer und voll mit guten Taten, und die Waagschale sank schnell zu seinen Gunsten herab. Bata ließ sich zu Ras Boot zurückführen. Aber viele seiner Gefährten hatten ein weniger tugendhaftes Leben gelebt. Er sah sie nie wieder. Von nun an wurde ihre Reise leichter, denn diejenigen, die es bis hierhin geschafft hatten, wussten, dass sie die Stärke und die Willenskraft hatten, um alle weiteren Schrecken zu überstehen, auf die sie noch treffen würden.

In der zwölften und letzten Region standen sie dem fürchterlichsten Tier von allen gegenüber: einer Schlange, die so dick war, dass sie die gesamte Breite des Flusses versperrte. Der einzige Weg führte durch die Schlange hindurch! Als das Boot zwischen den mächtigen Kiefern mit ihren rasiermesserscharfen Zähnen in den roten Schlund hinein – und durch die schwarzen, stinkenden Eingeweide hindurchfuhr, schrie Bata laut vor Angst und Schrecken. Er war überzeugt, dass nicht einmal der tugendhafteste Geist diese Hölle überstehen könnte, doch er und seine Gefährten standen unter dem Schutz des Ehrfurcht gebietenden Ra – und schließlich erblickten sie vor sich einen Lichtschimmer. Das Licht wurde stärker und heller, je weiter das Boot in den Schein einer goldenen Morgendämmerung fuhr. Batas Leid hatte ein Ende. Er und seine vor Glück überwältigten Kameraden betraten die Felder des Friedens, wo sie von nun an bis in alle Ewigkeit leben würden.

Ra stieg in seine Barke. Auf der Erde begann ein neuer Tag.

Die Götter und Göttinnen in diesen Geschichten

Über die Götter des alten Ägyptens gibt es nur wenige und unvollständige Quellen. Was wir wissen, stammt aus Inschriften oder Schnitzereien in Tempeln oder Gräbern oder aus beschriebenen Papyrusrollen, die den Reichen und Mächtigen in die Gräber gelegt wurden. Da die Zivilisation des alten Ägyptens mehr als dreitausend Jahre bestand, wurde der Inhalt der Geschichten, die von Generation zu Generation weitergegeben wurden, natürlich ständig verändert, genauso wie die Götter und Göttinnen.

Auf Gemälden und als Skulpturen werden die Götter und Göttinnen oft mit Tierköpfen dargestellt, doch in den Geschichten verwandeln sie sich häufig wieder in ihre menschliche Gestalt – oder aber sie nehmen ganz die Gestalt von Tieren oder Vögeln an.

Der Stein von Rosette, der 1799 gefunden wurde, war eine der bedeutendsten Entdeckungen der Archäologie: Mit seiner Hilfe konnten die Wissenschaftler die alten ägyptischen Schriftzeichen, die Hieroglyphen, entziffern. Der Stein ist aus hartem, schwarzem Basalt, in den ein Text in drei Sprachen eingemeißelt ist. Das oberste Drittel ist mit Hieroglyphen beschriftet, die Mitte mit demotischen Schriftzeichen (der alten Umgangssprache Ägyptens) und das untere Drittel mit griechischen Buchstaben. Da die Wissenschaftler den griechischen Text lesen konnten, war es ihnen möglich die Hieroglyphen zu bestimmen und zu übersetzen. Dadurch konnten viele Geheimnisse der alten ägyptischen Inschriften gelüftet werden – auch die Geschichten der großen Götter und Göttinnen.

AMUN
Ein weiterer Name des Sonnengotts Ra.

ANUBIS
Ein Gott der Unterwelt, der für Gräber und Mumien verantwortlich war. Er wurde meistens in Form eines sitzenden Schakals oder als Mann mit einem Schakalkopf dargestellt.

GEB
Der Gott der Erde, dessen Schwester und Ehefrau Nut war, die Himmelsgöttin. Er war der Sohn von Schu und Tefnut und der Vater von Osiris, Isis, Seth und Nephthys. Daher war er einer der Hauptgötter.

HAPI
Der Gott der Nilfluten. Er symbolisierte die Abhängigkeit der Menschen vom Nil, der ihnen Wasser spendete und die Felder mit fruchtbarem Flussschlamm überschwemmte.

HATHOR
Die Göttin der Liebe und der Mutterschaft. Sie wurde oft in Gestalt einer Kuh dargestellt oder als Frau mit einem Kuhkopf, zwischen dessen Hörnern eine Sonnenscheibe steht.

HORUS

Der Gott des Himmels und Sohn von Osiris und Isis, der als Beschützer des jeweils regierenden Pharaos galt. Gewöhnlich wurde er als Falke dargestellt oder als Mann mit einem Falkenkopf.

ISIS

Die mächtige Zauberin und Göttin war Ehefrau und Schwester des Osiris und die Mutter von Horus. Es wird behauptet, dass sie aus dem Körper des Osiris die erste Mumie gemacht hat.

KHEPERA

Der Schöpfer und Vater aller Götter, der meistens in Form eines Skarabäus oder Mistkäfers dargestellt wurde.

KHEPHRI

Ein weiterer Name des Sonnengotts Ra.

KHNUM

Ein Gott der Töpfer, von dem behauptet wird, dass er Menschen aus Ton erschuf. Bilder zeigen ihn gewöhnlich als Mann mit einem Widderkopf. Er repräsentierte die Fluten des Nils und die fruchtbare Erde.

NEPHTHYS

Eine Totengöttin, Ehefrau und Schwester von Seth und Mutter von Anubis. Sie war die Schwester der Isis und half ihr bei der Suche nach dem toten Osiris.

NUT

Die Göttin des Himmels und Tochter von Schu, Schwester und Ehefrau von Geb und Mutter von Osiris, Isis, Nephthys und Seth. Nut, die das Himmelsgewölbe verkörpert, ist eine nackte Frauengestalt, deren Körper sich bogenförmig über die Erde erhebt.

OSIRIS

Einer der wichtigsten Götter im alten Ägypten. Er lehrte die Menschen den Boden zu beackern und zu pflügen. Er war ebenfalls der Gott der Toten und Herrscher der Unterwelt, Bruder und Ehemann von Isis und Vater von Horus.

PTAH

Ein weiterer Name des Sonnengottes Ra.

RA

Der Sonnengott und größter aller Götter, der sowohl die Götter als auch die Menschen erschuf. Er wurde auch Amun, Ptah oder Khephri genannt, je nachdem, wo man ihn anbetete. Gewöhnlich wird er als falkenköpfiger Mann dargestellt, der auf dem Kopf eine Sonnenscheibe trägt.

SEKHMET

Löwengöttin des Todes und der Zerstörung.

SETH

Der Gott des Chaos und der Unordnung, Sohn der Himmelsgöttin Nut und eifersüchtiger Bruder des Osiris. Als der Thron von Ägypten wieder an Horus zurückgegeben wurde, machte ihn Ra zum Gott der Stürme.

SCHU

Der Gott der Luft und des Sonnenlichts. Seine Aufgabe war es, der gestreckten und über die Erde gebogenen Himmelsgöttin Nut zu helfen und sie von dem Erdgott Geb zu trennen.

TEFNUT

Die Tochter von Ra und Göttin des Taus und des Regens. Sie war die Frau und die Schwester von Schu und die Mutter von Geb und Nut. Schu und Tefnut waren die ersten Götter, die Ra erschuf.

THOT

Der Gott des Schreibens und des Wissens, Schreiber der Götter und ein Gott der Unterwelt. Er war auch der Herr des Mondes und der Gott der Weisheit. Oft wurde er mit einem Ibiskopf dargestellt.